まだまだ知らない　夢の本屋マップ

1. 月蝕書店　東京都豊島区
2. ブックス高円寺　東京都杉並区
3. GOKUCHU BOOKS　兵庫県神戸市
4. 島の本屋　沖縄県八重山郡竹富町
5. HOLE　東京都世田谷区
6. アトム書房　東京都千代田区
7. 河谷家書店　東京都品川区
8. 本屋列車「おくのほそ道号」　東京都足立区〜岐阜県大垣市
9. 本屋の奥の秘密の本屋　愛知県名古屋市
10. STREET BOOKS　大阪府大阪市
11. 小川文照堂　東京都渋谷区
12. 小林書店　東京都豊島区
13. 陽明書房　東京都新宿区
14. 忍者屋敷カフェ　伊藤書店　三重県伊賀市
15. アイランドブックストア　東京都諸島
16. BUNSHIMURA!　兵庫県西宮市
17. 書肆ボタニカ　千葉県習志野市
18. 玉川書店入水店　東京都三鷹市
19. WOOD STOCK　徳島県三好市
20. 書庵　道草　熊本県熊本市
21. 北光社　新潟県新潟市
22. 本屋村　東京都中央区

16
3
10
14
9
19
20

まだまだ知らない夢の本屋ガイド

朝日出版社

はじめに

世の中には、本屋がたくさんあります。

昔ほど「たくさん」とは言えないかもしれないので、「まだまだ」たくさん、と付け加えるべきでしょうか。

新しい本屋、古い本屋、普通の本屋、変な本屋、街の小さな本屋、何でも揃う大きな本屋、珈琲が飲める本屋、店主が可笑しな本屋、イベント続きの本屋、土日だけの本屋、どこにあるかわからない本屋――。

本屋が毎日新たに生まれては消えていくなかで、そのすべてに足を運んだ、という人は果たして存在するのでしょうか。

ひとつ確かなことは、「こんなに面白いのに、まだどこにも紹介されていない」本屋が存在する、ということです。しかも、「まだまだ」たくさん。

北から南まで、そんな「夢の本屋」を実際に見てきた全国の現役書店員22名に、文章で案内をお願いしました。

ここにご紹介する22の本屋は、きっと、本の未来を盛りあげていくでしょう。

そのなかには、あなたがすでに知っている本屋もあるかもしれませんし、ちょっと信じられない本屋もあるかもしれません。

遠くて行けない本屋もあるかもしれませんが、紹介文を読むだけでも、その楽しさは身近に感じられるはずです。

たとえ行けなくても、想像してみてください。なぜなら、どんな「夢の本屋」であっても、その始まりはおそらく「こんな本屋があったらいいな」という思いつきなのですから。

それでは、まだまだ知らない、夢の本屋めぐりを、お楽しみください。

――編集部一同

月蝕書店

東京都豊島区

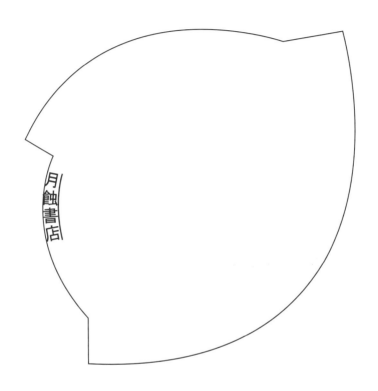

ＪＲ駒込駅の東口を出て、商店街に入っていく人の波を横目に右に曲がり、南北線の駒込駅へと続く坂道を上っていく途中に、今回の書店はある。訪れたのは、八月の真夏日。アスファルトからは湯気が立ち上がり、少し幻想的ですらあるが、そんなことを思うのは坂を上り始めるまで。予想以上に急な坂道は、照りつける太陽の熱を跳ね返し、ただただ暑い。

駅の反対側の出口を出て、同じ坂道を下りていくこともできるけれど、今回紹介する書店のサービスを利用しようとするならば、ぜひ坂道を上っていってほしい。それもできれば、自分が一度死んで、下界に別れを告げる気分で上るのがいい。自分が死んだら、まだ読んでいないあの本の山はどうなってしまうのだろうか、などと思い悩みながら。「月蝕書店」の行なっている風変わりなサービスは「死者のための選書」だ。

「外は暑かったでしょう」。そう言いながら店主の猪熊武雄さんが麦茶をくれる。それを飲み干すと、まさに天国に来た気分になるのは、少し大げさか。

お店は、この辺りでもすっかり場違いな雰囲気になった木造二階建ての一階部分。約三十坪のほどよい広さの店内には、雑誌から人文科学の専門書まで、店主のセンスを感じさせる本が並んでいる。地域に一軒あったら重宝しそうな本屋ではあるが、「死者のための選書」を思わせる要素は店内には見当たらない。そう店主に告げると、「そんな本屋があるなら自分もぜひ行ってみたいですね」と笑われる。

椅子に座り、インタビュー開始。

——さっそくですが、「死者のための選書」とはどういうものか教えてください。

そうですね、亡くなった方のために本を揃え、それをご提案しています。お墓や仏壇に花や故人が好きだった食べ物をお供えするじゃないですか。それを本に変えただけですね。

——よく読んでいた本を供えるということですか？

いえいえ、違います。故人の蔵書や好きだったものを見せてもらって、その人が生きていたら必ず買っていただろう新刊の書籍や、蔵書の関連書をお薦めするんです。

――なるほど、それはご家族の方にお薦めするんですか？

基本的にはそうですね。月命日に一冊お持ちしたり、そういうことが多いです。

――それは、何でもいいんですか？　特に選ぶ本の指定もなく？

そういう方もいらっしゃいます。金額を指定をされる場合もありますし、ジャンルのご希望もあったりしますね。もう本当にケースバイケースです。最近では、自分の蔵書の整理や、死後にも残してほしい本の保存など、蔵書にまつわるご相談を生前に受けるケースも増えています。

――なんだか意地悪な見方をすると、好きな本を押しつけているようにも取れてしまうような……。

そうですね（笑）。難しいのは、選んだ本をお持ちする相手がすでにこの世にいらっしゃらない、ということです。お持ちした本が面白かったのか、必要なのかそうじゃないのか、ご本人から感想を聞くことができません。おっしゃるとおり、やろうと思えば楽な選書もできますし、押しつけることもできます。でも、故人の本棚を見せてもらったり、ご家族から生前のお話をうかがったりすると、たいていは、ふっとその方の本棚に加えたい一冊が浮かんでくるんですよ。不思議なんですが。ただ、それが正しい一冊だったのかどうか、常に答えが出ないことがプレッシャーでもありますね。

――誠実でないとできないサービスということですか。

それは他のどんなサービスでもそうでしょう。

――たしかに（笑）。このサービスを思いついたきっかけは何ですか？

書店をやっていてつらい瞬間はいくつもあるんですが、その中でも、お客様が亡くなるのは、ちょっと種類の異なるものなんです。仲良くさせてもらっていたおじいさんがおりまして、自分が若いときに親しんだ本を「読むか？」とカバンから出して僕にくれたりするような方でした。そのおじいさんがずっと予約されていた『世界詩人小説選集』が二回分溜まったんですね。それをなんとなく気にしながらも、そのまま時間が過ぎて。ある日、「今日電話しよう」と思ったんです。

――なんとなく結果がわかりますが。

ちょうど二週間経ったところでした。「解約してください」と息子さんに言われて、普段だったらそれで終わりなんですが、つい「お線香をあげさせてもらえませんか」と。それで、僕は本を通してしかおじいさんを知らないわけですから、持っていくのはお花とかではなくて、この選集の次の巻だろうと。

——ご家族はどんな反応でしたか？

喜んでくれましたよ。蔵書を処分しようと思っていたらしく、戸惑ってはいましたが。「せっかくなので本棚を見ていきますか？」と誘ってくださって。「好きな本を持っていってください」と言われたんですが、逆に読ませたい本が数冊出てきました（笑）。「個人的に四十九日のあいだだけ本を足しに来てよいでしょうか？」と言ったら、唖然とされてしまいました。

——それは逆に迷惑では……。

そうですよね。でも、せめて定期購読だけでも完結させたいじゃないですか？

——本好きとしては、なんとなく気持ちはわからなくもないですけどね。

最終的には、僕が持っていった本を、その息子さんが読んでくれています。

——結果的にはおじいさんの蔵書を救った？

家之墓

いや、半分以上は知り合いの古本屋に引き取ってもらいました。でも、息子さんとご家族の気になる本や、僕がおじいさんの本棚に残してほしいと思う本は、今でもありますね。そういったこともあって、誰かが亡くなられた後も、その人の思いは、蔵書という形で残すことができるんじゃないかと思ったんです。しかも、新刊が出るたびに、それが増えていって閉じない蔵書に価値があるような気がしたんですよね。

――閉じない蔵書？

はい。著名な方の蔵書は、どこかに寄贈されて残っていたりしますよね。でもそれはあくまでその人の業績を保存するものじゃないですか。その時点で蔵書としての役割は終わっている気がするんです。でも、新しい本が足され続ければ、その分その人の本棚も生き続けるというか……。

――なるほど。そして、残された本を家族も読んでくれる。

もちろん全部じゃなくても、亡くなられた方が本当に好きだった本だけでも興味を持ってもらえたらうれしいですよね。蔵書家は孤独な人も多いですから。「また読みもしない本を買ってきて」と言われて……。今でも月一冊の選書を楽しみにしてくれているご家族もいて、そういうときはやっててよかったなぁと思います。手応えを感じますね。

――「死者のための選書」といっても、結局は生きている人のために選書をしているような。

たしかに。他のすべてのことと同じで、遺された人のためのサービスなのかもしれません。

――でも、遺された方の中には、その死を受け入れられない方もいるでしょう？ だからこそ、その人の蔵書も処分したくなる人も……。

あるとき、父親を亡くした娘さんから、このサービスのご依頼を受けたことがありました。でも、奥様は、その死をまだ受け入れられていなかったようで、なにか本をお持ちするたびに、「そんな本は要らない」と言われ続けてしまいました。

――それは……僕なら耐えられません。

そうでしょう？ つらかったですね。五回目に本をお持ちしたときだったでしょうか、死因を聞いたんです。娘さんから。お父様は自分の喫茶店を持っていて、ある日、いつものように出かけようとして、寝室の戸口に足をぶつけて、転んでしまったそうなんです。その後入院されて、そのまま。それを聞いていて、なにか引っかかるものがあったんですね。店で品出しするときに同じような話を読んだ気がするぞ、と。帰って、この数カ月で流し読みした本を店中探しましたよ。本が売れていないでほしいと願ったのは、後にも先にもあのときだけです。

――それで、あったんですか？

ありました。この本です。「これぞというはっきりした原因もなくて死んだ人の例がある。クイントゥス・アエミリウス・レピドゥスはちょうど寝室から出ようとして、戸口に足の親指をぶっつけて打ち身をつくった」。さっそく次の日持っていきました。そして、説明したんです。なぜこれを持ってきたのか。読んでほしい文章があったんです。必死に説明しましたよ。叩き出される覚悟で。そうしたら、奥様がその本をパラパラとめくって、仏壇にようやく持っていってくれたんです。「あの人は、事あるごとに、いつか自分の伝記を誰かに書いてもらうんだ、と言っていました。死ぬまで、ただの町の喫茶店の店主にすぎなかったのに。でも、たった一行ですけど、この本に書かれてるんですねぇ。しかも、生まれる数千年も前の本に、あの人、自分の死に方が書かれてるなんて、思いもしなかったでしょうね」

と、笑ってくれました。

――この本は、何ですか？

プリニウスの『博物誌』、「人間」の巻です。僕が読んでほしかったのは、その中のこんな文章です。

「我々は日数を数える、しかるに大切なのは一日一日の重さなのだ」

――最後は丸く収まりましたけど、けっこう無茶なことをしてますね。

はい。そのときは没頭するんですけど、後でよく不安になります（笑）。そうそう、最初に話したおじいさんの本棚は少し変わっていて、『そのたびごとにただ一つ、世界の終焉』のような追悼文集や『笑死小辞典』みたいな本があったり、墓碑銘を集めた本も多くて、山田風太郎の『人間臨終図鑑』が三種類あったりしたんですよ。おじいさんは人の死にざまに興味があったんだなぁ、と思いながら、あるとき蔵書の一冊をパラパラと見ていたら、一箇所赤い線が引いてあったんです。

――どこにですか？

僕も気に入って、この手帳に書き留めてあるんです。選書に迷ったときに開くんですよ。言い訳にするんです。商売としての誠実さと、この言葉の中間くらいで選書をするといい本が見つかる気がします。

そう言って、猪熊さんは手帳を開いて見せてくれた。

几帳面ながら、ずいぶんと大きな文字で、こう書いてある。

「されど、死ぬのはいつも他人」

お礼を言って猪熊さんと別れ、外に出ると、日は沈もうとしているものの、暑さはまだ和らがず。

先ほど上った坂道を下りて駅に着くと、ちょうど帰宅ラッシュの時間で、スーツを着た人や学生たち、老若男女が、忙しなく、賑やかに商店街へと入っていく。駅前で坂道を見上げると、「死者と生者をつなぐ本屋」は、下界を見下ろすように佇んでいた。

「月蝕書店」の売れている本ベスト3

①『チャーちゃん』保坂和志作、小沢さかえ画、福音館書店

②『辻征夫詩集』辻征夫著、谷川俊太郎編、岩波文庫

③『マルセル・デュシャン語録』滝口修造訳、美術出版社

プックス高円寺

東京都杉並区

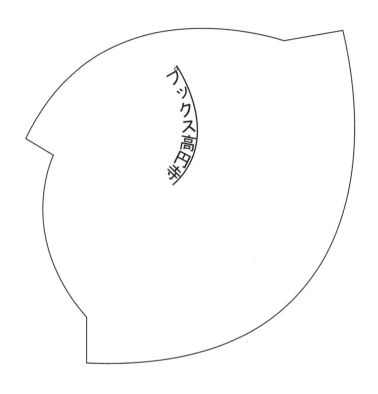

『BRUTUS特別編集　合本・読書入門。』が入荷したのでパラパラと見ていて、気になったことがあった。気になったというか、このときはふ〜んくらいの感じで読んでいたのだが、「全国の目利き書店員が選ぶ文庫三冊」という特集があって、高円寺にある書店「ブックス高円寺」の店長・杉浦さんが選ぶ『ぼくの伯母さん』『近頃なぜかジョン・ヒューズ』『軽石を食べる子供たち』、その三冊がどれも知らないものだった。他の書店員さんが選ぶものは、こういうところに挙がってくるものだから読んだことはなくても同じく書店員として書名くらいはだいたいわかるものだ。ところが杉浦店長の三冊はどれも知らない。それは自分の知識不足からでこんな本もあるのかとそのときは思っていた。

頭のどこかでずっと引っかかっていたのだろう。他の雑誌などでも書籍を紹介する特集で二、三度、杉浦店長を見かけた。そこで紹介された本もやはり一冊たりとも知らないものだった。さすがにそうなると悔しくもありアマゾンで書籍について調べたのだが出てこない。おやなんでだろうと不思議に思い、以前の杉浦セレクト本を遡って調べてみたのだがやはり出てこない。アマゾンだけではなく、そもそもネットでヒットしない。出てくるのは、彼が紹介したということくらいなのだ。同じように、その作家名も誰一人として検索に引っかからなかった。

純情商店街を抜け、さらに進んだ庚申《こうしん》通りを脇道に入り五分ほど歩いた住宅街の一角に「ブックス高円寺」はあった。見た感じオープンしてから十年ほどだろう。住宅地の中の本屋、という違和感ありそうな組み合わせなのに妙に馴染んでいる。かといって古本屋のような佇まいではなく、あくまで新刊書店の匂いがする。そして自動ドア。ガタガタとちょっと重みを感じさせながら開くと、僕の働く書店と同じくらいの三十坪ほどの本屋が現れた。見えるところに店員が三人。雑誌で見たとおりの杉浦店長がレジの横でお客さんと話をしている。四時という中途半端な時間なのに人はわりと入っていて七、八人はいるだろうか。あ、ＢＧＭが高田渡だ。

とりあえず『BRUTUS』で紹介されていた小説を探そうと店内を見渡すと一角

だけ、入り口からでも高い熱量を感じられる場所があった。行ってみると、店長のお薦めとして、雑誌でも取り上げられていた文庫小説がたくさんの手書きPOPとともに展開されている。他の新刊文庫より目立ち、それより売れている雰囲気もある。その中の一冊を手に取り出版社を確認してみると、そこには「ブックス文庫」とあって、あれどこかで見たことあるなと思った瞬間、「あ、この店の名前だ」と気づく。バーコード、ISBNも載っていない。なるほど、この書店がオリジナルで作っているのかな。しかし、オリジナルにしては出来がいい。装幀のデザインもいま好まれそうなイラストレーターをおさえているという感じだ。他との並びの中に違和感なく溶け込んでいる。いや、違和感がないわけではない。新刊文庫の平台に並ぶ「ちくま文庫」のようなオーラを放っている。

あらすじを読んで面白そうな『はじまりそうなうた』を手に取り、店内を徘徊。新刊や話題の売れ筋書籍も多数面陳されているが、要所要所で高円寺の住民に好かれそうなセレクト。『映画秘宝』が二十冊くらいやたらと積んであったり、都築響一の本が揃えてあったり、吉田類となぎら健壱が目線を遮って、その横にビールジョッキとともに「高円寺のおすすめ隠れ飲み屋」がPOPで紹介されている。『本気でバンドを仕事にしたい人に』二面出しの傍らに売られているのは履歴書で、「生活費は必要だから。」とコメントが添えてある。字があまりうまくないのもいい。

お客さんと話し終えるタイミングを見計らい、杉浦店長に声をかけてみた。

「すみません、雑誌で気になって来たのですが、この本ってブックスさんのオリジナルなんですね」

エプロンが馴染むのをどこか拒むようなシュッとした雰囲気があるが、それも含めてこの書店の店主だなとなぜか思える。彼はニコニコと柔らかい表情で、「うちのオリジナルというとちょっと違いますかね。正確にはうちに来てくださっているお客さまのオリジナルなんです」と答える。

僕が一瞬「ん?」という顔をしたのをわかってか、すぐにこう付け加えた。

「お客さまオーダーのオリジナル小説なんです。とはいっても、小説なんて書いたことがない方がほとんどですので、こちらが用意しているライターと何度か打ち合わせしていただいて一緒に作り上げていくというやり方です。お客さまのご希望、こんなのが読みたいといった願望をストーリーにしたりして。いわゆるゴーストライターみたいな感じですかね。著者名はお客さまに決めていただきます。ご依頼主の本名の場合もありますし、新たにペンネームを考えていただく場合もあります」

「あちらに置いてある中には、登場人物がすべて実名のまま自身の人生をかなり盛ってドラマチックに描いた『世界から私が消えたら』という作品があって、これは発売から一年以上経ちますけど週に五冊はいまだに売れてますね。売れるだけあってほんと面白いんですよ。主人公の自意識過剰の男が周りの人から嫌われていると勘違いして、その反抗心がどんどん暴走して空回っていく様子がリアルでね。ご本人の半自伝小説みたいなものですが、もう開き直っちゃって。はは」

「ブックス文庫」の説明が簡単に書いてあるチラシを受け取り、目で追いながらさらに話を聞いていった。文庫で一冊九十六ページを目安に料金は十万円。五十冊制作し、五冊は依頼主に納品。残り四十五冊を店頭で八〇〇円＋税で販売。完売してさらに売れる見込みがあれば百冊重版。以降、定価の一〇%が印税として依頼主に入る。微々たる金額だが、それでも書店で売れているというのは感慨深いだろう。

「最近『面白い本屋』特集なんかで注目度も上がってるおかげか、このオリジナル小説作りも少しずつ取り上げてもらっていまして。ネット注文を始めてからは月に五件くらい『小説作り』に関する質問やオーダーが入るようになりました。店を開

世界から私が消えたら
君の肝臓は食べたくない

いて今年で八年なんですが、五周年のときに記念でそういうことをやっていこうと決めまして。もう今では三十冊ほどのブックス文庫が生まれているんですよ」

杉浦店長は自分の子どものことを語るかのようにうれしそうに話している。

「私、もともとは出版社で編集をやっていたんです。編集の前は小説家を目指して文芸賞に応募したりしてました。何度かは最終選考まで残りましたがそれ止まりで、手伝うほうが向いていると気づいて編集に転向したんです。その経験を活かして最初はライターも兼任していました。私ともう一人で書いていたのですが、さすがに私が書店業務と並行してやるのが無理になってきたので……。今では五人のライターが在籍しています。バイトと腕磨きを兼ねて。ちなみにその中の一人が書いた作品の出来がよかったので、お客さまに許可を取ってライターの名前で文芸賞に応募したところ、最終選考まで残ったこともあります。夢がありますよね」

僕も本屋で働いているということを打ち明けたら、杉浦店長もテンションが上がったのだろう、色んなことを楽しそうに話してくれた。

本が好きという人が全員ではないだろうけど、やはり自分の本を作ってみたい。そういう願望を胸に秘めている人は多いと思う。書く技術はないが出版するに値するアイデアを持っている読者が世の中にはたくさんいるだろう。逆に、技術はあるがアイデアがなかなか湧いてこないライターだっているだろう。その凸凹がうまく嚙み合って作品を作り上げていく。そんなありそうでなかった取り組みで文学の世界を盛り上げようとしている「ブックス高円寺」は、書店としての枠を超えたチャレンジをしている。そして、挑戦し続けるかぎり、書店として生き残るだろう。

帰りの電車の中で、左手の親指を『はじまりそうなうた』に挟みながら、僕の本があの本棚に並ぶのならばどんな話にするだろうかと、右手の親指でスマホのメモに思いついたキーワードを打ち込んでいた。

「ブックス高円寺」の売れている本ベスト3

①『太郎は水になりたかった②』大橋裕之著、リイド社

②『〆切本』夏目漱石、江戸川乱歩ほか著、左右社

③『世界から私が消えたら』星野元気著、ブックス文庫

GOKUCHU BOOKS

兵庫県神戸市

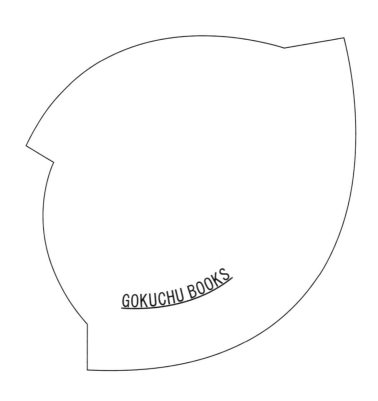

「小学生の頃からよく本屋には行ってました。家の近くに小さなお店があって、母から言いつけられて本を買いに行かされていたんです。三日おきくらいで通っていたかな。頼まれるのはだいたい文庫本でした。僕が買った本が刑務所の中の父に『差し入れ』されるものだということも、ちゃんと理解していましたよ」

「GOKUCHU BOOKS」の店主・北島浩伸さんが本に興味を持ち始めたきっかけは少し特殊だ。暴力団員で当時徳島刑務所に服役中だった父へ定期的に本を送り届けていたことが原体験となっている。「刑務所に差し入れできるものって、現金と本だけなんだよ」という母の言葉がずっと心の片隅に残っているという。「刑務所に差し入れが許可されているくらいなんだから、本ってすごいものなんだな」と幼心に思っていたそうだ。

北島さんは一九八四年生まれの三十二歳。大学を卒業後、出版取次会社に勤務し、関連会社の書店（本・雑貨・カフェの複合店）でマネージャーを務め、二〇一三年に退職した。その後、都内の別の書店に一年間勤務し、地元の神戸に戻って小さな古本屋を開業して独立。この十月でオープン二周年を迎える。

社会に出て十年間、本にまつわる仕事しかしたことのない北島さんだが、本格的に読書するようになったのは大学生からだという。「大学一年のときに父が亡くなり、大量の蔵書を譲り受けたことがきっかけですね。僕は母方の祖母の家で育てられたので、父と暮らしたことは一度もなかったんです。父の事務所へ遺品整理に行ったところ、残された荷物の大半が本でした」。数千冊の本をすべて廃棄処分してしまおうとしていた母を制し、蔵書をまるごと引き取った。

それから貪るように本を読みだして、その魅力に心酔するようになる。最初にはまったのは片岡義男。それから、庄司薫や植草甚一、小林信彦などを好んで読むようになった。「いい本をたくさん遺してくれたなと今更ながら感謝しています。ヤクザの蔵書とは思えないというか。本当に本が好きだったんだろうなと感じるんです」とにこやかに話す北島さんの表情からは、この人がヤクザの息子だとは到底考えられない。

その後、気がつけば自然と本の仕事を始めており、成り行きで自分の店を持つことになった。小さな古本屋を開きしばらくすると、見知らぬ人から頻繁に手紙が送られてくるようになったという。住所にも心当たりがないその封書を開けると、お薦めの本を教えてほしいという内容で、求めている本を連想させるキーワードが事細かに書かれていた。〝ジョージ・ユング、パブロ・エスコバル、六本木、アースエコロジー、ダレノガレ明美、野球、相撲、プライドの怪人、キーシ、サイケ、明日花キララ……〟。それらしい単語が便箋にぎっしりと刻みつけられている。封書に記載の住所をネットで検索すると、加古川刑務所から送られていることがわかった。「父の組にいた方が、僕宛に手紙を送ってきているのだと気づきました。最初はなんだか怖くて返事を書くかどうか迷ったんですが、文面から心底本を欲している感じが伝わってきたので、なんとか力になりたいと思ったんです」

選書リストを作り、塀の向こう側と手紙のやり取りを繰り返すうちに、刑務所内のルールがわかってきたという。手紙は月に四通までしか出せないこと、本は月に二回、一回につき六冊までしか購入できないこと、購入の際は「購入便箋」に記入して提出しなければならないこと、本の「注文」は刑務所が取引している書店の外商部に回るが、本が届くまでになぜか一カ月以上かかること、本の購入には冊数制限があるが、本の「差し入れ」には制限がないこと等。なにより、刑務所での唯一の楽しみが「本」だということに心底驚いた。「これほど切実に本を求めている人が存在するという現実に驚きましたね。僕たちが本を欲している感じとは少し温度感が違うんです。差し入れは何冊でも自由にできるというので、それを自分が担えばいいじゃないかと思いつきました」。北島さんは、二〇一五年十二月から、刑務所で服役する受刑者を対象にした本の差し入れサービス「GOKUCHU BOOKS」を開始した。

刑務所内には当然のことながらインターネット環境がないため、手紙で注文を受けることになる。ネット全盛のこの時代に手紙というのは珍しいが、これより他に手段はない。注文や本の配送については「差し入れ」というかたちで塀の中の受刑者と直接やり取りすることができるが、代金の支払いは受刑者の親族や知人友人を通じて行なっている。原則すべて先払いだそうだ。

獄中に本を届けるサービスは口コミでどんどん噂が広がり、今では月に七十件程度の注文を受けている。店売で伸び悩んでいる本の売り上げを刑務所への外商で補っている状況だ。

注文の形式は特に限定していないため、人によってリクエストの出し方はさまざま。「具体的な書名を記してくる方もいれば、興味のあるキーワードを羅列し、それに合った本を選んでほしいという方もいます。でも、一番多い注文はエロ本ですね。僕が中身を確認してから送ってほしいという要望が大多数です。刑務所なので当然検閲があって、コンビニに並ぶようなやわらかいエロ本は通るんですが、SMものやアナルが写りすぎているものは引っかかるみたいです。このサービスを始めてから、やたらとエロ本に詳しくなりましたよ（笑）」

本を読んだところでお腹は満たされない。本は人間の三大欲求を満たすものではない。即効性があるわけでもない。その本を読んだことを忘れた頃に、本人に自覚がないまま、じわじわと効いてくる。本の魅力はそういうところにある、と北島さんは考えてきた。

けれど、GOKUCHU BOOKSを始めてから少し考え方が変わったそうだ。「本は高尚なものではなく、どちらかというとその逆なんじゃないかと思うようになりました。目の前の欲望を満たすものなのかな、と。本は単なる嗜好品なのではなく、日用品的であったり、ジャンクフード的であったり、そのあり方は求める人によって多様なんだと実感するようになりました」と北島さんは話す。

今までは自分の店に足を運んでくれる人だけを客だと考えてきたが、これからは本を欲している人たちに目を向けて仕事をしていきたいという。「これだけ本に飢えている人がたくさんいるんです。そういう人たちに本を届けるのも自分の仕事なのかなと思っています。よく『罪を犯した人のために本を届けるなんて馬鹿げている』と言われるんですが、善人が人を殺したり、悪人が人を助けたりするのがこの世の中だから、そういう声は全然気にしていません。要望に沿った本を適切に届けることだけを考えています」と強く語る。

「飲食店で、お腹を空かせている人を怒らせるのは怖いですよね。それは本でも同じことなんです」。実際、お礼参りを受けたことはないそうだが、受刑者が出所後に北島さんの店を訪れることはよくあるという。その際に言われるのは決まって選書の内容についてで、『サイゾー』や『裏モノJAPAN』なんかは刑務所内で需要がない、獄中で始める人が多い俳句や芸術の本なんかもたまには送ってあげたほうがいいといった、刑務所生活を経験したからこそわかる細かなニーズを教えてくれるそうだ。

「そういえば先月、出所した一人の青年が自ら出版社を立ち上げました。当面のあいだは受刑者用の雑誌を作るそうです。〝検閲に引っかからない最高級のエロ本〟がテーマだと真面目な顔で言っていました。刑務所の中ではとにかく〝検閲〟が最大の難関のようです。もう少しまともな本を作れよと思いましたが、あまりにも真剣な様子で取り組んでいるので……」

出版不況が続き、本が売れないと言われている一方で、本を求めている人たちに必要な本が届いていない場所も存在する。それはなにも刑務所に限った話ではないはずだ。過去には、第二次世界大戦中に戦地のアメリカ軍兵士に送るために発行されていた『兵隊文庫』や、日中戦争時に大日本帝国海軍が発行していた兵士向けの慰問雑誌『戦線文庫』など、極限状態の場所へ本を届ける取り組みも実際にあった。

「〝本を届ける〟って言葉、すごく聞こえはいいんですが、どことなく偽善的な感じがするんです。〝誰に〟〝どんな本を〟届けるのかが曖昧だし、別にここには届けなくてもいいか……といった排除の構造もあると思うんです。これからは刑務所以外にも、本が欲しくて困っている人がいれば、そういう人たちのためになにか手助けがしたいし、自分が誰に、どんな本を売りたいのかを常に考えていたいですね。それと、最近よく『将来ホームレスになったらどうしよう……』なんてことを想像するんです。ありえる話ですよね。きっと、僕はホームレスになっても本を売っているんだろうなと思うし、そのときは誰にどんな本を売ろうかな……なんてことも少し考えたりしています。ホームレスの本屋じゃないと届けられない本や相手だっているんじゃないかなって」

北島さんが語るように、これまで目を向けていなかった場所、無意識のうちに目を背けていた場所へ本を届けることも、これからの本屋の大きな役割のひとつなのだろう。今まで素通りして見過ごしてきた相手に〝本が届く〟ことでこそ、本と本屋の世界は具体的に広がっていくのかもしれない。

「GOKUCHU BOOKS」の売れている本ベスト3

①『実話ナックルズ』ミリオン出版

②『週刊少年ジャンプ』集英社

③『TOKYO GALs COLLECTION』大洋図書

島の本屋

沖縄県八重山郡竹富町

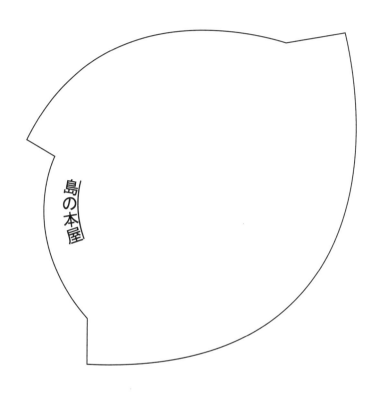

ひらひらと舞った鮮やかなピンクのブーゲンビリアが風に運ばれて店の中でクルクルと回る。まるでスローモーションを見ているようだ。

真っ青な空を見上げる余裕もないほど、眩しい太陽がじりじりと背中を焼いてくる。古い木造の家。古民家と呼ぶのだろうか。灰色の瓦が乗った屋根。

「やっと着いた」

友人から聞いたこの本屋へ辿り着くまで、どれだけの時間がかかっただろう。友人も実際にここを訪れたわけでなく、噂で聞いただけだという。なんでも、その店の主人の話を幸運にも聞けたなら、人生が少し豊かになるかもしれない、とかなんとか。

そんな、霞がかかったような話を信じてこんな辺鄙な場所まで来てしまった。東京から飛行機で那覇へ。那覇から大きな船で一晩、宮古島を経由して到着した石垣島。船はこのあと台湾まで行くという。石垣島から連絡船に乗り換え一時間ほどで到着したのが、この小さな島だ。

磨り硝子がはめ込まれている木の戸を引くと、ひんやりと涼しい空気が流れてきた。はぁ、極楽。外が眩しすぎたせいで店内が暗くて何も見えない。目が慣れるにつれ、ぽわーんと何かが浮かび上がる。しばらくすると、わたしの前には大量の本が立ち現れていた。

店の真ん中にいるわたしを取り囲むように、本棚が壁に沿って隙間なくそびえ立つ。高い天井のギリギリまで。本に襲われてしまうのではないかと錯覚するほどの圧迫感。床も本棚もウォールナットで設えられ、濃いブラウンが重厚な安心感を与えた。重々しい店内は、異国の路地裏にある本屋に迷い込んだ気にさせる。場所や時代がわからなくなる。この小さな島にこの本屋があることが信じられない。夢を見ているようだ。不思議で愉快な夢。

五分ほど経っただろうか、本に紛れた小さな扉が開き、一人のおばあさんが現れた。九十歳を超すであろう、ふくよかな体を細い杖が支えている。品のある白髪は短くカットされ、彼女の活発な印象をより際立たせていた。

「いらっしゃいませー、与那嶺《よなみね》カマドメガです」

唐突な自己紹介と、カマドメガという名前に少したじろぐ。自己紹介の次は、本屋らしい台詞。

「どんな本をお探しですかねー?」

「うーん、この島で読むお薦めの本を」

少し考えた彼女は杖を置き、三メートルはありそうな梯子《はしご》に登り始めた。哲学、歴史、地理、文学の本棚が並ぶ。中には英語やスペイン語、中国語の本もあるみたい。文学の本棚の天井近く、一番上段から一冊の単行本を選び出したカマドメガさんが、梯子を伝って降りてくる。差し出されたのは、『流』。

意外だ。とても意外だ。この島でゆったりと読めるクラシックな本を薦められると思っていたのに。たとえば、『海からの贈物』とかさ。

「この本を読んだら台湾に行きたくなるはずよー。台湾ならすぐそこにある」

薦められるままに『流』を購入して、また明日訪ねることを約束した。

民宿のおばさんにカマドメガさんのことを聞いてみる。

「あの人はねー、若い頃に島を出て南米で暮らしてたはずよー。ずいぶん成功したみたい。八年前に帰ってきて本屋を始めたさー。わたし、ミステリー好きだからよく行くよー」

あれだけの本を揃えているのだ。やはり普通ではない人生を送ってきたのだろう。

翌日の昼過ぎに再び本屋を訪ねる。

「ちょうど、お昼を食べるところ。一緒に食べましょう」

そう言って、奥の部屋へ案内してくれる。昨日彼女が登場した小さな扉をくぐると、パチンと裸電球が点く。廊下は一人がやっと通れるほどの幅で、両脇にこれでもか！と山のように本が積まれている。

「ふふふ。この廊下は美術コーナー。売り物でなくて、個人的なものよー」

絵画、建築、映画と大きく分けられ、そのうえ、画集なら宗教絵画、印象派、フォービズム、キュビズム、抽象絵画、ポップアート、と細かく分類されているようだ。廊下を抜けた奥の部屋には、小さなキッチン。そこに二人掛けのダイニングテーブルとベッド、扇風機が置かれている。店舗に比べてずいぶんと簡素だ。

「これは、エンパナーダ。南米でよく食べられる肉や野菜を包んだパイよー。わたしのエンパナーダ、おいしいよー」

　スパイスの効いたエンパナーダを頬張りながら、昨日、民宿で聞いた話を切り出す。

「ずいぶん若い頃に島を出られたんですね？」

「中学生のとき、那覇から赴任されていた先生からよく本を貸してもらって読書が好きになったよー。よく読みよった」

　島から出たことのなかった彼女の世界は本でぐーんと広がったのだそうだ。神話とか大陸、社交界や森、革命に湖、貴族と冒険。見たことのない世界が頭の中でどんどん広がっていく。いつか、この目で見てみたい。

　ある日、先生が那覇へ戻ると知り、本が読めなくなると怖くなった。先生の乗る船に忍び込みこっそり島を出た。「本のない世界なんて考えられなかった」。島では駆け落ちだと大騒ぎになったが、彼女は戻らず、先生の実家の大きな農家を手伝った。よくしてもらい、一緒に働いていた男性と結婚した。

　やがて、沖縄戦が始まった。ご主人が出兵した後は北部へ逃げていたから、どうにか生き延びることができた。

「戦争が終わって全部焼けた家に戻って。そうして、一年後くらいに基地つくやぁー(軍作業員)が始まって。主人もそこで働いていた。生きるために。現場では一番がアメリカー、二番がフィリピナー、三番がジャパニー、末端がウチナーンチュ(沖縄人)。とてもきつい仕事だったって」

家族が増えてもブルドーザーで米軍に搾取された分、土地は減る。畑もできず将来への不安は増す一方だった。そんな日々のなか、叔父一家が南米に移民すると聞いたカマドメガ夫妻は、いつしか、南米に活路を見出した。ボリビアでの生活は貧しく苦しく思い出すのもつらいみたいだった。沈黙が深い分、これ以上聞くことはできない。

「先にブラジルへ移っていたおじさんが呼び寄せてくれた。本当にありがたかったねぇ」

おじさんの営む洗濯屋を手伝いながら、やがて、夫婦で独立して成功したという。

「主人と朝から夜中まで働きよった。子どもは二人。医者と大学の先生になった。それで、また本を読み始めたわけさー。余裕が出てきて、美術の本も集めるようになった。最初、美術なんてわからなかった。でもね、ゲルニカ見てから変わりよった。自由への渇望が自分の底にも流れていると感じたさー」

カマドメガさんの話にどんどん引き込まれていく。彼女の話がわたしの魂を揺らすような。

「日本の作家もずっと読んでいるよー。好きなのは天本英世。嫌いなのは三島由紀夫。あの人、気持ち悪いよね」

扇風機が規則正しく首を横に振るのを眺めながら、ブラジルで暮らす彼女を思い描いてみる。小さな島で本を読み耽っていた少女が、異国で本に再会した姿を。

八十三歳のとき、長く連れ添ったご主人が亡くなった。

「それで、沖縄に帰られたのですか？」

「いえいえ、世界のウチナーンチュ大会があるでしょ？　それがきっかけ。せっかくだから生まれ島をもう一度見たいと思って。母がまだ健在で。涙流してわたしの手を離さなくて。帰れなくなった」

母親が亡くなってからも、島に残ると決めた。

「島には本屋がなかった。それは、あったほうがいいさーって。こんな小さな島で誰が本を買うの?って聞く人がいるけど、はーっさ、みんな買うさ。読書家よー。本はどうやって集めたのかって? 持っていた本を娘にブラジルから送ってもらった。もちろん、新刊は買い付けするさー。ネットでさーらない(素早く)」

「ちなみに、どんな本が人気ですか?」

「『ミレニアム』。島のみんなが読んだはずよー。最初は誰も読みたがらない。でも、一巻読むでしょ? その後は、二巻三巻とすぐ買いに来て、みんな寝不足さー。ふふ」

まさか、この東南アジアの一角とも思えるような小さな島でスウェーデンの小説が人気とは。

「あの女の子が好きさ。リスベットよー。あの子見てると、負きてぃならんどー(負けるわけにはいかない)って思うさ」

戦争のときもボリビアでも本を読むことはできなかった。でも、本があったから生きてこれた。島で読んでいた本を頭の中で何回も反復させると、本の登場人物たちが励ましてくれた。そう言って、彼女は杖をついて部屋を出た。戻ってきた彼女の両手には『ミレニアム』シリーズと天本英世の『スペイン巡礼』。

「これ、持って行きなさい」

「えー、いいんですか？」と遠慮するわたしに彼女が言った。

「税込みで一万五二一六円になります」


世界が見たいと島を飛び出した彼女は、この島へ戻ってきた。彼女がどれだけ多くの世界を見てきたのか、わたしは知らない。しかし、世界の中心があるとしたら、それはこの本屋かもしれないと思った。

出航の時間が近づいてきた。

「また必ず戻ってきます」と言うわたしに彼女は笑った。

「とぉ、まーやてぃん、いちぶさるとぅくぅる、んじくぅーわ」

（さぁ、あなたが行きたいところ、何処へでも飛んで行きなさい）

「島の本屋」の売れている本ベスト3

①『ミレニアム1　ドラゴン・タトゥーの女（上・下）』
『ミレニアム2　火と戯れる女（上・下）』
『ミレニアム3　眠れる女と狂卓の騎士（上・下）』
（6巻セット売り）、スティーグ・ラーソン著、早川書房

②『オリガ・モリソヴナの反語法』米原万里著、集英社

③『ミレニアム4　蜘蛛の巣を払う女（上・下）』ダヴィド・ラーゲルクランツ著、早川書房

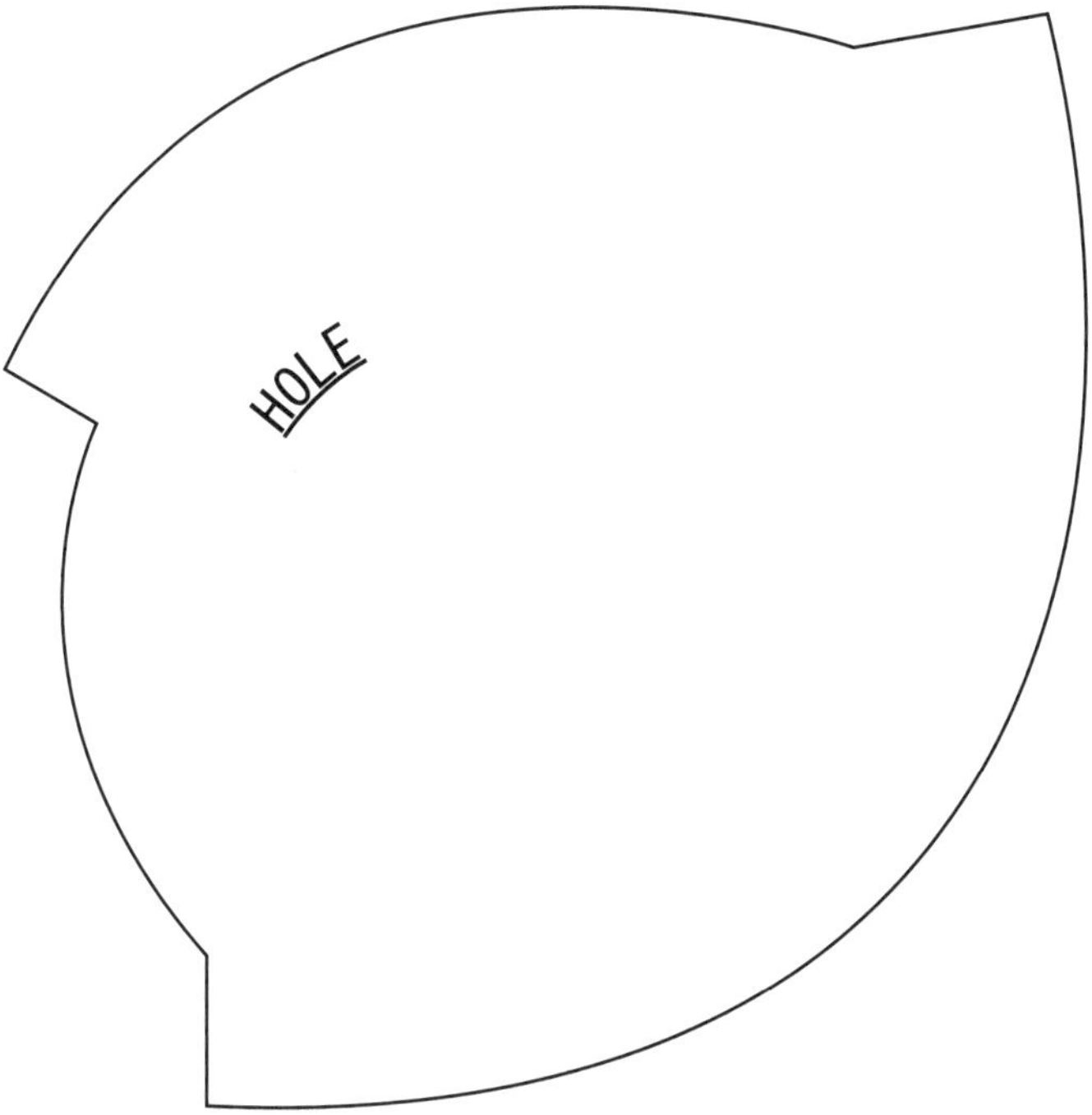

東京都世田谷区

東京都世田谷区北沢、茶沢通りから池ノ上方面に坂をのぼった住宅街に無数にある茶色いマンションのうちのひとつの二階に、かつての同僚、本多代美子の自宅兼ショールームがある。紹介制のアポイントのみで、詳細な場所は公開されていない。本多は私の勤める出版社を数年前に退社し、単身渡米して「HOLE」の創業メンバーとなった。キャッチコピーは〈あなたの部屋を、あなただけの本屋に〉。二〇一六年五月にやっとローンチしたが、高額なサービスであるため、一部の出版業界関係者を除き、一般にはほぼ知られていない。米国の富裕層コミュニティを中心に、ごく静かに広まっているという。そして七月、本多は日本法人を立ち上げるべく帰国し、夫と猫二匹と暮らす自宅の一室を、当面の営業と開発の拠点とした。

「ご無沙汰してます、どうぞお入りください」と言って、本多は玄関を入ってすぐ右側のドアを開けた。六畳ほどの洋室だ。正面に小さな窓があり、そのへりには各地で集めた民芸品と思われる鳥の置物がたくさん飾られている。中央にアンティークのテーブルと椅子が二脚、そして右奥と手前の壁二面を埋め尽くすように、木とスチールで組まれた本棚がある。上部には古書と思われる中央公論社版『金子光晴全集』や小島信夫『別れる理由』三巻揃などが鎮座している一方、中央にはおそらく未読であろう、出たばかりの話題書が新品のようにきれいな状態で並んでいて、そこに『宇宙兄弟』や『ワンピース』など人気コミックの最新刊もまぎれている。厚手のカーテンは、本の日焼けを防ぐためであろう。いかにも個人の蔵書という感じだ。

本多がお茶を淹《い》れているあいだ、背表紙を順に、舐めるように眺めていく。目の前にあるのは、赤裸々すぎる何かである。本多はこのようなことに関心があるのかと、覗き見の背徳感にちいさく苛まれながら、他人の本棚というのはいったい、むしろこちらが恥ずかしいような気持ちになるのはなぜだろうと思ったその瞬間、目の端で何かがちらっと動いた。猫かと思ったが、二匹とも背後にいる。正体は何だ。全体が均等に視界におさまるように、前向きのまま一歩下がり、本棚に向かって目を大きくひらく。動かない。そのままゆっくりと二歩目を下がっているとき、動きの正体がわかった。よろけて猫を踏みそうになった。

動いたのは、背表紙だった。さっきまで佐々木中『戦争と一人の作家』だった本の背中が、次の瞬間、山口謠司『日本語を作った男　上田万年とその時代』に変わったのだ。手に取ってみると、そのするっとした手触りは、紙のそれではない。400ページほどの電子ペーパーが綴じられた冊子だった。そういえば数年前、曲げることのできる電子ペーパーがいよいよ実用化に向かっている、という記事をどこかで読んだのを思い出す。

テーブルにカップを置く音でびくっとした。戻ってきた本多が「めくってみてください」と言う。言われたとおり、開いていたページから一枚、二枚と順にめくっていく。やや厚みのある表紙、薄い本文用紙。ほぼ紙の本と変わらない。ノドに目を向けると、見慣れない綴じ方をしていた。本文の中ほどを数ページつまんで、やや力を入れて引いてみる。すると、ふっ、とマグネットのような感触でノドから抜けた。16ページ単位でひとつのモジュールになっているようだった。アジャスターがカチッと動き、そのぶんの厚みが調整され、背表紙のデザインが組み替えられる。本文の級数が少し小さくなる。やや動きはもたつくが、それでも数年前のKindleと比べたら驚くほどスムーズだ。そのまま、10ページほど進んでみる。すると本文の上に、ポップアップで「ここから先は有料です」「¥1987（¥497の割引20%）」といったアラートが表示された。その下に「お気に入りに入れる」「保持する」「購入する」の三つのボタンが並び、ひとつが点滅していた。

本多は椅子を引いて、座るようにこちらを促しながら「買う前の本を自分の本棚に並べられることが、このサービスの本質だと考えています」と言った。本棚に並ぶ本の大半は、本多が大切にしてきた蔵書であり、紙の本である。しかし二〜三割、「HOLE」と呼ばれる電子ペーパー冊子が混じっている。パッと見では見分けがつかない。この「HOLE」こそが、〈あなたの部屋を、あなただけの本屋に〉するために本棚に空けられた、無限の世界に通じる「穴」なのだと、本多は名前の由来を説明する。

まず、三冊の「HOLE」とバーコードリーダーからなる、基本キットを購入する。オーナーは蔵書のうちバーコードのあるものをスキャンし、ないものは書名を登録したうえで、本棚に「HOLE」を置く。すると、登録した本のデータをもとに選ばれたお薦めの本が、入れ替わりに表示されるという仕組みだ。過去に薦められた本のアーカイブをたどることもできるし、もちろん一般の電子書籍端末のように自分で検索し、見つけた本を表示させることもできる。気になる本はとりあえず「お気に入り」に入れておけば、いつでも引き出せる。「保持する」を選ぶと、解除するまでのあいだ、自動では入れ替わらなくなる。いま「保持」すれば、一時的に『日本語を作った男　上田万年とその時代』として固定され、棚の好きな場所に並べておくことができるというわけだ。そして実際に読みたくなったときにはじめて「購入する」を押す。一連の行動を繰り返すたび、お薦めの精度は飛躍的に上がっていく。棚に入れる「HOLE」は無限に追加することができ、多ければ多いほど品揃えがダイナミックに変化する、個人にカスタマイズされた〈本屋〉になる。ビル・ゲイツやマーク・ザッカーバーグが自宅の本棚のほとんどを「HOLE」にしているという噂も、まことしやかに囁かれている。

「買う前の本というのはイコール、その人の〈最新の関心〉です。その〈最新の関心〉と自分の蔵書という〈過去の関心〉とをリンクさせ、空間を物理的に占めること。人がその空間に身を置くことができるのが、本棚というインターフェイスの最

も優れた点だと考えています」と本多は続ける。「似たようなサービスを、VR空間内だけで楽しむものとして開発している業者もあります。むしろそちらのほうが多い。何もない部屋でスマートフォンをかざすか、ヘッドセットをつければ、そこに無限の本棚が広がっている、というようなものです。ポケモンの代わりに本が飛び出してくるような感じですね。アプリをダウンロードするだけで導入できますから、一般に普及するのは正直、そちらかもしれません。けれど、たとえ限られた人のための高級なサービスになってしまおうと、人間とリアルな本棚のある空間との関係を追求するのが、われわれのミッションなんです。大量生産できれば、少しずつコストは下がっていくはずですし」と、愛おしそうに本棚を眺めた。

もうひとつの特徴も、そのことに関係していた。「購入する」を押した直後、「HOLE」で続きが読めるのはもちろんだが、それだけでなく、すぐに紙版も発送されて翌日には手元に届くというのだ。「紙よりも『HOLE』のほうが高級品ですから。読んで気に入った本は紙で棚に置いておき、『HOLE』は違う本に変える、という使い方のほうが一般的です。あくまで本棚をベストの状態にするためのサービスなので。本棚からあふれた紙の蔵書は、センターに送っていただければ半永久的に預かり、必要なときはいつでも『HOLE』に表示ができます。もちろんお預りした現物の返送も一冊から承ります。こんなサービスを使おうという人は結局、紙の本が好きな人なんですよね」。恥ずかしそうに、しかし誇らしげに本多はそう言ってから、「あとの詳細はこちらに」とパンフレットを差し出した。そこには、ゆうに高級車が一台買える金額が記されていた。

「ぜひ御社の本を配信してほしいんです。どうか社長を説得してください」と本多は急にあらたまって、私に頭を下げた。うちの出版社は、業界でもそこそこの大手である。電子書籍への対応は遅かったものの、いまは順調に売上を伸ばしている。しかしこれを実現するには、中面のデータだけではなく、背表紙を含めた全体の、正確なデータが必要なはずだ。デザインも細かくレイヤーで分ける必要があるし、用意するのは相当な作業だぞ――と考えていると、本多は見透かしたように付け加えた。「もちろんデータの作成や、その他の雑務はこちらでやります。著者への許可取りだけ、お願いできれば」

本多の部屋が、魅力的な〈本屋〉であることに疑いはなかった。ならば出版社としては当然、前向きに検討すべきであるし、社長にもそのように話しておくと伝えて、私は本多の家を出た。次のアポイントがＶＲの会社であることは、言わずにおいた。

「HOLE」の売れている本ベスト3

①Kevin Kelly, *The Inevitable*, Viking

②Thomas C. Foster, *How to Read Literature Like a Professor*, Revised Edition, Harper Perennial

③Brian Christian and Tom Griffiths, *Algorithms to Live By*, Henry Holt and Co.

夢の編集

インペリアルプレス

「自費出版」のことを当世の日本では「リトルプレス」、お隣の韓国では「独立出版物」と呼んだりもするそうだが、企画、執筆・編集、印刷から流通まで、大きな資本の力に頼らずすべて独力で行ない、五百部、千部くらいは売ってみせよう、というのだから頼もしい。内容も、島を巡った女子高生の一夏の思い出をまとめた写真集『EZ DO TRAVELize』から、仕事を終えた父が毎晩さつま白波片手にビジネスの要諦を語る『御商売式目』まで、実に多種多彩である。

そうしたインディペンデントな出版の海に今、静かで確かな波が立ち始めている。なんでも「究極のリトルプレス」だと耳にした。うねりの発起人は豊原うみさん(32)。以前は都内出版社の新書出版部で編集職を務めていたのだが、この秋に独立し出版社「Imperial Press」をひとりで立ち上げたばかりだ。

「毎月一冊は編集担当して一万部を全国の書店に撒き、売れれば広告で景気付け、売れなければささっと手を引く。十年もそんなことを続けていたらさすがに疲れてしまって」という豊原さんの転機は今からわずか一カ月前に訪れた。

「出張でよく投宿していたアパホテルのキャンペーンでカタール航空のファーストクラスがなぜか当たったんです。中東旅行は初めてだったんですが、シートベルトを締めて横を見ると、あきらかに高貴な方が談笑している。カタール国のモーザ妃でした」

勝手がわからず当惑していた豊原さんにモーザ妃が声をかけ、その後会話に花が咲き続けたのは、豊原さんの人懐っこい性格からして自然の成り行きだった。

「エディターをやっていますと言うと、自分がずっと本にしたいと思っていた企画がある、と妃がおっしゃいました。彼女のファッション好きは国内外で有名で、名だたるオートクチュールを着こなし、あのヴァレンティノの立て直しに一役買った投資会社の背後にその名がちらつくほど。わたしが幼い頃から描き溜めてきた服のデッサンが大量にあるから、それを本にしたい、と」

でもどうして極東に住む無名の編集者にそんな依頼が？と誰しも思うだろう。王室、しかも世界随一の富裕国の力をもってすれば容易いことだ。

「私もびっくりでしたよ。でも、彼女は日本の伝統的な生地づくりに昔から関心があって、そうした高い技術力と自分の企画が結びついたら、と夢想してたようなんです。でも、もっと驚いたのは、作るのはたった一冊でいい、いくらお金がかかってもいい、それをわたしが三千万円で買い取る、という提案でした。私もさすがに、これはどうかしてると思いましたけど(笑)」

豊原さんは現在、この「王室プレス」第一弾『MOZA MODE』を実現するため、日本各地を飛び回っている。鳥取で因州和紙の紙漉《す》き職人に学びきめの細やかな紙を追求し、奈良の晒作家に指導を仰いで伝統的製法で麻布をこしらえる。それぞれ、和紙の本文用紙とクロス装の表紙になる予定で、モーザ妃の色とりどりの筆跡は一から作る特殊な岩絵具で印刷する。原画の染みや皺も忠実に再現。制作は順調で、来年の春には出来あがるという。

「たった一人のための、たった一冊の出版って、究極のリトルプレスですよね。もちろん、極小の思いつきを最大多数の読者にどうやって届けるか、その工夫が編集の醍醐味でもあるので、迷いはあります。でもよく『抽象的なたくさんの読者を設定するよりも、具体的な一人の読者の顔を思い浮かべろ』なんて出版の世界では言うじゃないですか。だから、その原点を考えるつもりでやってます」

王室間のコミュニティネットワークというものがどうやら世界には存在するらしく、モーザ妃のプロジェクトのことを聞いた（であろう）王室・皇族からの問い合わせがすでに三件ほどあるという。

「まだ詳しくは言えませんが、オマーンとデンマーク、ブータンの王室関係者からメールが届いています。まだ実績もないのに不思議ですよね。でもいずれ、日本の皇室ともご縁があれば、なんて思っています。愛子さまや悠仁さまが作られるアート作品が気になっていて、毎年十二月に開かれる『宮内庁職員組合文化祭』をいつか見に行けたら、こちらから作品集のご提案をしたいくらいなんですけど。どうやったらお声がかかるでしょうか（笑）」と不敵な笑みを浮かべる豊原さんは、そのうち「Imperial Press」が軌道にのれば、「三代目PRESIDENT」「&Prime Minister」なる企画を実現したいという。想像の着地点すら飲み込んでいこうとする怖いもの知らずのアイデアが、この先どんな波を出版界にもたらすのか、その到達を楽しみにしようと思う。

アトム書房

東京都千代田区

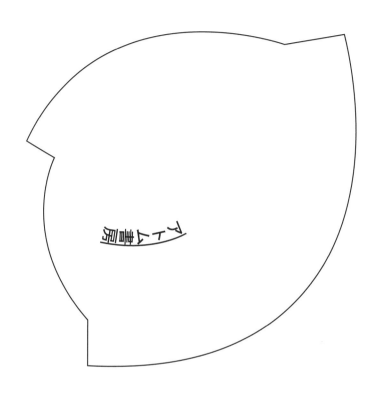

東日本大震災後、東京駅前にKITTEがオープンした際、正面玄関に大きな桜の写真が掲げられました。その桜は、福島県三春町の「滝桜」でした。私は、それを見たとき、福島だけでなく、日本中の人々の心が復興に真剣に取り組むというメッセージ、或いは、それでも桜は咲き続けるという生命力の強さを感じ、感動しました。そこでは涙を浮かべている方もいました。桜に託された想いが人々に移り、また、それが各地に伝わっていく。日本中の人々が行き交う東京駅前に、このような写真を掲げることの意義を感じました。

アトム書房は、原爆投下後の広島で、突如、原爆ドーム前に現れた古本屋です。「原子」を店名に掲げ、古本をはじめ、原爆の熱風で溶けた瓶などを進駐軍相手に売っていました。七十五年間草木も生えないと言われた状況下での古本屋。木村伊兵衛により撮影された小屋のような店舗を見ると、底知れないパワーが伝わってきます。近年、アーティストの山下陽光さんの研究により、その存在が広く知られるようになりました。山下さんはまた、二〇一六年七月九日、一日かぎりのアトム書房を原爆ドーム前に復活させました。露店形式のその店舗をSNS上で見たとき、アトム書房を復活させることは、焦土から立ち上がった人々のエネルギーを継承することに等しいと思いました。

そこでこの度、私は、株式会社アトム書房を設立しました。資本金は一億円で、所在地は東京駅前の常盤橋です。現在建設中で、竣工後は、地上六十一階、約三九〇メートル、日本一の高さとなる超高層ビルの最上階に開店します。上記の歴史的背景と意義、並びに、下記の事業内容に賛同してくださった、同ビル管理会社の多大な協力を得て実現する運びとなりました。同社のメセナの一環として、業務委託を受けて運営されます。アトム書房を東京駅前に復活させることは、三春町の滝桜の写真をKITTEに掲げるのと同じ意味があると考えます。

株式会社アトム書房はリサイクル書店として運営されます。不要になった書籍を、日本中から引き取ります。一〇円、一〇〇円、五〇〇円、一〇〇〇円の四つの価格で販売し、売上の全額を慈善団体に寄付します。東日本大震災や熊本地震の被災地、或いは、孤児院、障がいを持つ人々などの支援に使われます。二〇一四年に、鈴木芳雄さんたちが外苑の藝術学舎で行なったチャリティーイベント、「アート好きによるアート好きのための図録放出会」をベースにしています。このイベントのように、善意で不要な本を分けてくださる方は多いと確信しています。現在のところ、すでに、五万冊の書籍を譲り受けました。人々の善意を素直に喜びたいです。

同ビル管理会社からは、一カ月の業務委託費として、一五〇〇万円をいただきます。ここから一カ月の家賃・人件費・諸経費等が賄われます。家賃は一〇〇坪で五〇〇万円、人件費は社員十名で五〇〇万円、諸経費は以下のように見積もっています。発送費二〇万円、消耗品費二〇万円、光熱費〇円、交通費二〇万円、交際費六〇万円、ゴミ処理券費一〇万円、租税公課五〇〇〇円。余剰分が会社の利益となります。経済という価値観を受け継ぎながら、自分のやりたいことを実現します。

社員の募集はこれから行ないます。求人は、マガジンハウス『BRUTUS』の「求人特集」にて、二ページ見開きで公開されることが決まりました。月給は三〇万円から。社会保障完備、交通費支給、賞与年三回、一日七時間労働シフト制、休憩二時間、有給休暇年三十日。年齢・学歴不問で、この本屋でやりたいことがあるのが条件になります。それを四百字詰原稿用紙一枚に書いて送っていただき、その後、計四回の入社試験を行ないます。一次試験は東京ドームで、〇×クイズを行ないます。通過者は飛行機でハワイに行き、機内で二次試験としてペーパーテストを受けていただきます。その後、全員にハワイ観光を楽しんでいただき、合格者のみがハワイからサンフランシスコへ向かいます。サンフランシスコでは、シティライツ書店にて、三次試験として早押しクイズを行ないます。そして最終通過者はニューヨークに移動。最後の四次試験をストランド書店で行ないます。各自、一〇万円分の本を買っていただき、それらの本を選んだ理由の説明で合否が決まります。三次試験までに出題される問題は、本や出版関係にかぎらず幅広く用意されます。たとえば「東日本と西日本、人口が多いのはどっち」「編集者になりました。どんな本を企画しますか」「図書館を建設する仕事がきました。どんな図書館をつくりますか」「太平洋戦争が始まった理由を述べよ」「太平洋戦争で負けた理由を述べよ」等々。敗者復活もあります。費用はすべて弊社が負担します。一連の流れを映像化し、コンテンツとして販売する案も検討しています。

空間デザインについては、すでにコンペが行なわれ、新進気鋭の空間デザイナー、前野孝二さんの案が選ばれました。完全リサイクルという観点のもと、地上三九〇メートル、広さ一〇〇坪、天井高一〇メートルの店内の中心に、小型の火力発電所を設置します。一定期間を経て売れ残った書籍、破損等で販売に適さない書籍は、発電の燃料に用います。最新の技術により、本を化石燃料と同じように取り扱うことが可能になりました。店内の電力はもとより、ビル全体の電力をここで発電します。余った電力の販売も行ないます。排出される二酸化炭素は、最新鋭の装置により、ビル内に植えられた楮《こうぞ》の光合成に転用します。都市の緑化を助長するだけでなく、そこから紙を漉き、オリジナルのノートを制作して販売します。

開店のテープカットには、ダグラス・マッカーサー元帥のご子孫が、B-29に乗って、サイパン島より駆け付けてくださることになりました。在日アメリカ大使館、在日アメリカ軍、アメリカ国務省、並びに外務省、航空自衛隊、内閣府、東京都の多大なる協力を得ることができました。B‐29が東京の空を飛ぶのは、一九四五年以来、初になります。これにより、戦争の惨劇を克服し、お互いが理解し合える、許し合える、という究極の例を世界に示すことができると考えています。開店は三月十一日で、前日の三月十日に、B‐29はビル上空で祝開店のビラを投下します。尚、マッカーサー元帥のご子孫には、ビル内の高級ホテルのスイートルーム（一泊八〇〇万円）に宿泊していただきます。

定期的にチャリティーオークションを開催します。第一回には、神保町の古書店の協力のもと、以下の本の出品が決まりました。価格は最低落札になります。『百万塔陀羅尼』六〇〇〇万円、藤原定家自筆『明月記』二億円、『駿牛図巻断簡』一億円、天文版『論語』一五〇〇万円、慶長古活字版『日本書紀』二冊揃一二〇〇万円、雑誌『マヴォ』七冊揃一〇〇〇万円、東方社『FRONT』十冊揃五〇〇〇万円、荒木惟経『ゼロックス写真帖』二十五冊揃一〇〇〇万円。オークションの売上の二割を寄付し、残りのお金は神保町の古書店に支払います。このイベントを今後の起爆剤にしていきたいです。開店当初は、混雑が予想されます。稼働するエレベーターも限りがあるため、整理券を発行させていただきます。社員にはこのようなイベントを実現するだけの高い知識と体力が求められます。

このように株式会社アトム書房は様々な要素をはらんでいますが、基本的には、日本一高いビルから本が循環し、発電も行ない、それが復興の資金につながることをコンセプトとします。ひいては「私達は困難を必ず乗り越えることができる」というメッセージを書店が内包し、書店を訪れる人々、ビルを見る人々とそのメッセージを共有することを目指します。これは、現代に即した書店のあたらしいあり方を模索していくことでもあります。

河谷家書店

東京都品川区

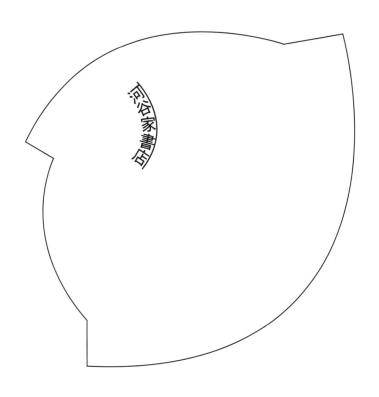

東急大井町線下神明駅から徒歩十七分、河谷《かわたに》家書店の河谷店長は愛妻家だ。

河谷さん、当時の旧姓で芝崎さんとの出会いは高田馬場のカフェだった。二十年以上前の話。そこでは自由参加による詩の朗読会が定例で催されており、当時の私は常連の一人だった。芝崎さんの登場は全裸で詩を読んだことを差し引いても衝撃的で、散会後おそるおそるファミレスに誘った。その夜から二年三カ月、芝崎さんは西荻窪の私のアパートで居候をすることになる。

「あの、どこ住んでるんですか?」

「大森貝塚がある大森だよ」

「芝崎さんっていくつなんですか?」

「君と同じくらいだと思うけど」

実際芝崎さんは私より一歳だけの年長だった。実家暮らしだった芝崎さんの大森の家はその前日、隣家の火事が延焼して全焼したそうだ。静かな生活を欲していたご両親は奇妙な生活スタイルを強引にリセットできてほっとしているという。どういうことか。

ロバート・ハリスに憧れていた芝崎さんはある日、俺も本屋をやろうと思い立った。計画と準備と貯金が嫌いで、とにかくさっとやるのがいいと思ったんだそうで、実家で開業を決意した。といっても実家の一部を店舗に改築するような甲斐性がない。とりあえず表札の下に「芝崎家書店」という屋号をテプラで作成して貼った。

販売する書籍はどう仕入れたのかと聞くと、父と母の蔵書を売っていたというから驚く。しばし次の質問疑問に移れないでいると、いや古物商の免許ってけっこう簡単に取れるよ、と角度の違う説明を寄こしてくる。画期的な本屋だろ？　まあ古本屋なんだけどさ、普通の一軒家にしか見えないんだよ、店構えが。でも営業時間内はドアに鍵かけてないから誰でも入れるようにしてるし、父も母も学者だからいっぱい本持ってんだよ。父は民俗学の専門書、母は予防医学。だけども二人とも人文書も漫画も好む読書家だから充実した棚だったね。

私は絶句した。そんな芝崎さんは一年くらい前から新宿の模索舎でアルバイトをしていたそうだ。新刊も扱いたくなったので、出版元との直接取引のやり方を学んだらしい。だいたいのことがわかって、いよいよ「芝崎家書店」を新刊書店にシフトさせていこうと目論んでいた矢先の火事だったそうだ。

「で、花本くん」

「はい」

「明日からここは花本家書店だ」

「……」

当時の私はポスティングのアルバイトで生計を立てていた。大量のチラシを抱えて、町に繰り出す仕事はわりと性に合っていて、楽しみながら続けていた。と同時に鬱屈もしていたのだが、そのような生活は一変するかと思われた。なにしろ、おまえの住処を本屋にするといきなり一方的に決定されたのだ。

芝崎さんはどこからともなく本を仕入れてくる。私の蔵書も微々たるものだが提供することになる。三カ月ほどしてワンルームのアパートが本で埋まる。本棚は適当に作った。作らされた。よしこんなもんだろう。芝崎さんはテプラを持ってきて

「花本家書店」と印字してドアに貼り付ける。明日から自分は何をすればいいのかと問うと、ポスティングを続けたまえ、と言われた。

「花本家書店」は主に高田馬場のカフェで詩人を気取る者たちのサロンとして機能するようになっていった。「花本家書店」のウリは二十四時間営業していることで、いつでも誰でも出入りできた。芝崎さんのご両親には良識が備わっていたが私は持ち合わせていなかったというわけだ。

次第に私は本を介した仲間とのコミュニケーションに夢中になっていった。本棚から適当に抜いたパウル・ツェランの詩集を朗読すると喝采を浴びて、その高額な詩集を買っていく者がいた。外国文学勉強会などをでっちあげてウンベルト・エーコやロベルト・ボラーニョを粋がって取り上げ、テキストとして売りつけた。

しばらくやっていたポスティングのアルバイトはフェイドアウトするようにして辞めた。「花本家書店」は局所的に話題が膨れ上がっていった。それは本屋としてではなく、怪しい人物が絶えず往来する場所としてであった。数日雑魚寝していく国籍不明の者や、逢引に利用しようとする者まで現れて、荒《すさ》んでいった。

こうして「花本家書店」は二年三カ月の幕をあっさり閉じた。芝崎さんはドアの褪せたテプラのラベルを剥がして、じゃまたね、と言って去っていった。私は思うところあって、吉祥寺の独立系書店でアルバイトを始めた。

久しぶりに会う河谷さんとなった芝崎さんは、相変わらず年齢不詳だった。私の元を去ったあとの足取りはなんとなく知っていたけれど、今回あらためて尋ねるのだった。

最初は森のところだね。もちろん居候。居候のプロだよ、あの頃の私は。君も森とは親しかったよな。花本家にも出入りしてたし。あいつのうちはタワーマンションの上のほうでさ、部屋にＤＪブースとかあるの（笑）。「森家書店」はお洒落だったね〜。本はあんまり売れなかったな。転々としたなかではなんだかんだで君のとこが一番売ったんじゃないかな。しかし森はパソコン強いからさ、ネット通販のサイトとか立ち上げてくれたんだよ。でも発送するのが面倒だからさ、店頭受取のみにしてあるんだよ。たまに物好きな人が来るんだな、タワーマンションの上のほうにはるばる。何なんだここは……って顔して帰っていくね。

そのあとは村田のとこ。ええとこの御曹司。村田くんいたじゃん、よくたかってたでしょ、おごってくれるから。あいつなんで詩の朗読とかやってたんだろ、謎だよな。田園調布の「村田家書店」は豪邸内のばかげた本屋だったな。まあ本屋というか毎度おなじみの居候がテプラで出店宣言してるんだけど。店頭でいきなりドーベルマンが威嚇してくる本屋だったからねえ、客層が極端だったよ。主に要人(笑)。いろんな人見たよ。

花本くん知らないと思うけど北村、次にやったのが「北村家書店」。銭湯なんだな、昔ながらの。長〜い煙突があるクラシックなやつ。でもあの男湯も女湯も見渡せる番台があるほどはラブコメっぽくない。瓶のコーヒー牛乳と一緒に文庫本を売ったりしてさ、小商いだよ、村田家から一転して(笑)。北村ってやつはなかなかの野心家でさ、銭湯でロックをやったりする輩に対抗意識があった。だからおれが本屋やるって言ったらノリノリだったたね。

あとね、ここに至るまでにも一個やった。まさにジプシーな感じの「長島家書店」。長島さんだよ、あの。当時トレーラーハウスであちこち行ってたあの人になんか偶然拾われて、おれが居候先で本屋やるっていうのも知っててさ、さあ開店しなさい、って言うの。こんなの初めて。転々としてきたわけだけど、さらに転々とさせられたわけ（笑）。日本全国津々浦々。

河谷さんはフリーライターでさ、なんというか独立独歩な活動をしてるような人物に興味があるんだってことで取材を受けたの。まあ、そのあとの多くは語るなと言われてるけど、おれが河谷姓を名乗っているのはジャンケンで負けたからなんだよ。

——そう矢継ぎ早に話す河谷さんといま一緒にいるここ、「河谷家書店」は来店というよりも訪問する感覚だ。常連になればきっと、友人宅に遊びに来たついでになぜか本を買っているという現象になる。あらためて店内というか室内を案内してもらいながら話を聞く。

「河谷家書店」は河谷さんの実家なんだけどさ、けっこう作り込んでるの。ほら、下駄箱を開けると、靴に関する本が揃ってる。『靴磨きの本』とか。これいい新刊だよ。台所にはレシピ集をたくさん並べてる。

この神棚ごらんよ、古事記、日本書紀を一応置いてるがここから売れたことはないなあ（笑）。この企画は評判いいけどね、読書みくじ。「読むべき本も神頼みなあ

なたへ」って謳い文句が刺さる人もいるんだな。

クローゼット見る？　ここは本がない。ファッション誌とか置いてたこともあったんだけどさ、売れないからよしたの。いっそここは服をシェアできる拠点にしちゃおうと思って、着なくなった服を置いてってくださいって呼びかけてる。気に入ったものがあったら持って帰ってもらってる。

その隣に据えてるマガジンラックはほとんど週刊誌。文春、新潮、女性自身とかね。この部屋は常連のおじさま、おばさま方に会議室と呼ばれている。室内で井戸端会議ができるって重宝がられてるんだ。

庭？　どうぞ。いまここは知り合いの園芸家が珍奇な多肉植物の鉢をたくさん並べてる。これよく売れるんだよ。委託販売させてもらってるの。その奥の苔むしたとこに置いてるビニール包装された本。『コケはともだち』。これはうちの隠れたベストセラーで、売り上げ百冊超えてるな。

生活提案型の書店っていうのがある一方で、うちは生活することと本屋をやることが密接になってしまってるわけで、生活実践型？　なんてね（笑）。

河谷家書店の屋号はテプラではなく、蒲鉾板っぽい石にしっかりと刻み込まれている。

「河谷家書店」の売れている本ベスト3

①『大井町・大森・蒲田ジモト飯』Tokyo Walker編集部編、KADOKAWA

②『東急電鉄のひみつ』PHP研究所編、PHP研究所

③『英語なんてこれだけ聴けてこれだけ言えれば世界はどこでも旅できる』ロバート・ハリス著、東京書籍

本屋列車「おくのほそ道号」

東京都足立区〜岐阜県大垣市

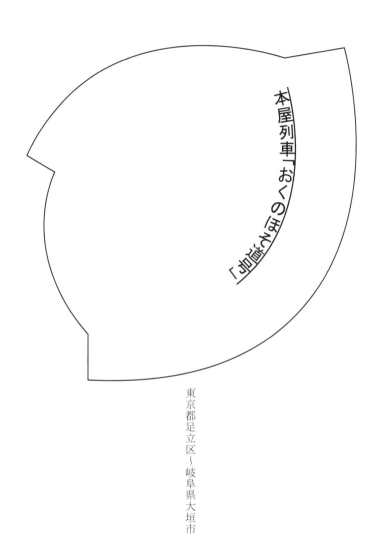

年が明けて最初の銀河俳句会で「今年はついに本屋列車の『おくのほそ道号』が走るそうですよ」と河辺主宰が言った。「期間は芭蕉が旅した五月半ばから十月初めの五カ月間だけ。みなさんで行きませんか」。選句を終えて酒を注ぎ合っていた八人のメンバーは思いがけない朗報を聞き一斉に歓声をあげた。

車両が本屋になっている本屋列車のことは噂には聞いていた。須賀敦子号や中原中也号が西日本を走っていること。海外にはサン＝テグジュペリ号やボルヘス号などがあるらしいこと。しかしなんと言っても私達はおくのほそ道号に乗りたいと切望していた。第一便は芭蕉が深川を発った日と同じ陰暦三月二十七日（五月十六日）。ならば我々もその日に乗ろうではないかと満場一致で出発の日が決まった。

本屋列車は芭蕉が句にしたり投宿したりしたゆかりの土地に停まる。北千住を出て日光、白河、飯坂を巡って松島を仰ぎ、岩手の平泉まで北上したのち、奥羽山脈を越えつつ山寺や出羽三山を詣でて日本海側の秋田・象潟《きさかた》へ出る。その後は芭蕉の時代で言えば、越後越中、さらに加賀越前を経て最終地の美濃・大垣に到る。電車のない時代の旅を辿るため、線路のないところはバス移動となる。芭蕉が約百五十日かけて歩いた約二千四百キロの旅程を一週間で走破する現代的な旅ではあるが、一週間を旅に費やせる人はそう多くはないだろう。芭蕉のように世捨て人にはなれないけれど、日々の雑事に蓋をして本屋列車に乗り込むことにした。

出発地の北千住駅に着くと芭蕉がやって来た。というのは見間違いで、同人で芭蕉フリークの輝《てる》さんが芭蕉のコスプレをしてきたのだ。編笠と杖を両手にかざして「ここは芭蕉になりきらないとね。ね」と上気した顔でポーズをとる。「考えものだね」と苦笑する河辺主宰はジーンズにコットンのシャツ。五人の女性のうち三人は着物姿。「終点まで着物を通そうと決めたけど、できるかしらねぇ」としっとりと見つめ合う。着物派ではないルミさんと私は俳句より酒とばかりに、鞄にワインや日本酒をたっぷり詰め込んでいる。実直な年少の東さんは「俳句合宿のつもりで来ました。よろしくお願いします」と歳時記を片手におじぎをした。

ホームにはおくのほそ道号がすでに停まっていた。列車は寝台車つきの三両編成。茶色い小振りな佇まいから列車というより馬車を思わせた。車内を覗くと一号車がまるごと本屋だった。新刊本と古本が混ざっていて、俳句はもちろん、国内外の古典文学、植物、民俗、芸術、歴史、宗教、天文、建築、大衆芸能まで一万冊ほど並ぶ。選者には俳人、芭蕉や俳句の研究者、国文学者などのほか、それぞれの分野の研究者、海外の日本文化研究者も名を連ねていた。もちろんすべて買うことができる。古書の仕入れと値付けは、福島と仙台の二つの古書店が請け負っていた。

本棚は車内の中央部に背中合わせに窓を向いて並び、振動に耐えられるよう底部はアーチ型になっておりスプリングが内蔵してある。本棚を眺めると『碧梧桐《へきごとう》句集　大須賀乙字選』（俳書堂）の原本があるではないか。復刻は何度も見たが大正五年発行の初版は初めて。小振りだが函《はこ》入りの重厚な佇まいをしている。編者の大須賀《おおすが》乙字《おつじ》は現在の福島県相馬市出身で学生時代を仙台で過ごした俳人。古書価はやはりそれなりに高い。隣には大須賀が著した『俳句界の新傾向』が並んでいた。その下段に前から読みたかった『正木浩一句集』（深夜叢書社）を見つけ、とっさに引き抜いた。

満月をくり返し春立ちにけり　　正木浩一

松島の月に焦がれて旅立った芭蕉にも通じるような句が収められていた。さっそく掘り出し物を見つけて顔をニヤつかせていると、「あぁ、先を越されました」と東さんが悔しそうに言った。

座席は窓に向かってカウンターが据えられ一席ごとに読書灯が付いている。椅子はゆったりした肘掛け椅子。インターネットと携帯電話の使用は禁止。音楽は小さく現代音楽が流れている。これは芭蕉という人が前衛俳人だったという解釈だろうか。

食堂車と売店になっている二号車には、俳句会ができるように大きなテーブルが置かれていた。食堂車のメニューは東北や北陸の郷土料理と珍味、もちろん地酒も豊富だ。私達は出発前から本屋列車に魅了され、そのあまりの徹底ぶりに溜息をつくばかりだった。

ほどなくして、車内アナウンスがおくのほそ道号の旅立ちの俳句を告げた。

行く春や鳥啼き魚の目は泪　　　芭蕉

ガタンという音を立ててゆっくりと列車は進み出した。馬が進むような速度で。わー、と喜ぶ声があちこちからこぼれた。乗客には外国人も多く、拍手をしている人達もいた。

売店では通常の商品のほかに俳句帖、色紙、短冊、一筆箋、筆など、おくのほそ道号のオリジナルグッズや、目薬、二日酔いや肩こりの薬などもあって自然と旅への期待を高める。最後尾の三号車が寝台車両。扉のプレートに自分の名前を確認して荷物を降ろすとベッドに横たわった。じわじわとうれしさがこみ上げてきて、一生ここに住んでもいいとさえ思った。

日中は本屋車両で読書三昧の時を過ごし、夜の句会にそなえて俳句をつくった。食堂車では俳句講座や読書会が行なわれることもあった。芭蕉ゆかりの土地に着くと、アナウンスがその地で芭蕉が詠んだ俳句を流す。

あらたふと青葉若葉の日の光　　　芭蕉

最初の停車駅の日光は晴れ渡っていて、芭蕉の句にあるとおり山の緑がまぶしかった。たいてい電車は二、三時間停車し、乗客は周辺を散策して戻ってくる。時には、芭蕉の句碑をバスに乗って見に行ったり、以前吟行《ぎんこう》に行ったという乗客が解説してくれることもあった。私は土地の名物菓子を買うのを楽しみにしていた。
本屋列車が白河を過ぎた頃、一号車の本棚に正岡子規の『はて知らずの記』草稿の復刻版を見つけた。そういえば、子規は芭蕉が歩いたおくのほそ道を二百年後に辿った。『はて知らずの記』は明治二十六年夏、二十六歳の子規が病を抱える身で一カ月東北を旅した子規版「おくのほそ道」である。

その人の足あとふめば風薫る　　　正岡子規

旅立ちを前にした若々しい気分が伝わってくる。子規が胸を弾ませてみちのくへと出かけた百二十年後に、同じ道を旅しているのだと思った。郡山に入り、芭蕉が渡った阿武隈川を本屋列車も何度か横断する。芭蕉の五百年前には西行がいてその前には能因《のういん》法師がいる。その前には……。本屋列車がタイムマシンのように過去と現在を行き交っているような心地になっていった。

本屋列車に乗って三日目、松島まであと少しという夜だった。初物の三陸名物ホヤの刺身を浦霞と一緒に味わいつつ俳句会をしていた。みなが気になっていることを輝さんが言った。「松島の月は見えるかな」。さっとみなが立ち上がり窓を覗くと、月は重たい雲に覆われていた。日付が変わる時間になり、私を含めた何人かが先に寝台車へ失礼することにした。

同時に、ひとつ挟んだテーブルで俳句会をしていた和服の男性六人が寝台車へ向かった。後ろに続くと、六人は三号車の奥へと消えた。あぁ、四号車にお泊まりかと一瞬思ったが、いや、本屋列車は三両編成のはず。おかしいなと訝《いぶか》りながら三号車の突き当たりまで行くと壁しかない。そんな馬鹿なと窓から外を覗くと、六人の男がまるで道があるようなしっかりとした足取りで宙に浮かんだまま空へ向かって歩を進めている。

気がつくと河辺主宰が後ろに突っ立っていた。「主宰、見て。あの人達は！」と震える声で聞くと、「あれは、先頭が正岡子規、後は夏目漱石、高浜虚子、河東碧梧桐、佐藤紅緑、鮎貝槐園《あゆかいかいえん》……。明治の俳人達だ」と絞り出すような声で言ったきり呆然とした。

灯ちらちら人影涼し五大堂　　正岡子規

松島の俳句が車内に流れた。子規が松島で詠んだ句だ。列車は塩竈《しおがま》を過ぎ、松島湾をなぞるように進んでいった。

これからどんな人達が本屋列車に乗るのだろうか。いや、芭蕉が『おくのほそ道』を書いて以来、松島へ来たくても来れなかった人がどれほどいたのだろうか。

空がほのかに明るくなった。月が雲を離れ、鏡のように丸く輝いていた。一瞬だけ空を照らすとまたすぐ雲の中に入っていった。

松島の闇を見て居るすゞみかな　　正岡子規

しばらく眠れず、松島駅へ着くまで、雲のあいだを見え隠れする月を眺めた。朝になったら宮城出身の俳人・鮎貝槐園の本を一号車で探してみよう。

本屋列車「おくのほそ道号」の売れている本ベスト3
①『美ジュアル日本　奥の細道　芭蕉が見た風景』学研
②『みちのく民話まんだら』小野和子著、北燈社
③『銀河鉄道の夜』宮沢賢治著、新潮文庫

本屋の奥の秘密の本屋

愛知県名古屋市

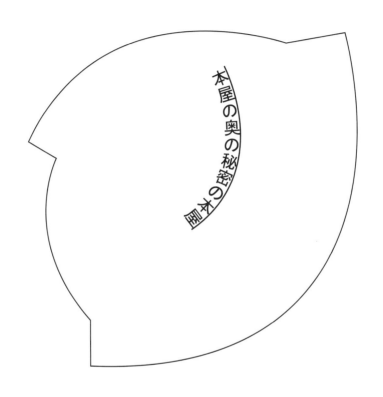

愛知県名古屋市内。昼間はビジネス街、夜は繁華街とその表情をくるりと変える、背の高いビル群と雑居ビルの流れの中に、その本屋はひっそりとあった。一見してその姿は見えない。メモに走り書きしてきた住所には、誰もが知っている本屋の大きな看板を掲げたビルが空に向かって堂々と建っていた。売場面積二千坪近く、東海地区最大規模のメガ書店だ。多くの本好きにとっては、ここも夢のような本屋に違いない。しかしわたしが探しているのは、この巨大な本のジャングルの奥にひっそりと隠されているという、小さな小さな本屋なのだ。屋号も店主のことも正確な場所も営業時間もわからず、ただひたすらに知り合いのつてを辿り続けて、ついにこの本屋の顧客だという某会社社長に出会い、その紹介でここへ着いたのだった。

まずはそのメガ書店の自動ドアから中に入る。他の街でも何度も目にしているこのチェーン店おなじみの配置、書籍の新刊コーナーが手前にありその奥にレジがずらり。壁のフロアマップに視線を走らせ、お目当ての場所を確認しエスカレーターを下る。地下一階のフロアの一番奥。背の高い什器《じゅうき》に隠れた壁面の柱の陰。扉だ。存在を知らなければ気づかないだろう。万が一気づいても倉庫だと思うに違いない。ここがその本屋の入口なのだった。

約束の時間ちょうど。扉が開く。眼鏡をかけた温和そうな青年が立っていた。店主だろうか。その奥には、やや落とした照明の下に判型のバラバラな本が詰まった木製の本棚が見える。いま通ってきた明るいフロアと整然としたスチール棚の並びとは対照的。さて、取材開始だ。

――まずはじめに、屋号とお店の歴史などをうかがえますか。

屋号はありません。普段は「奥の本屋」とか「裏の本屋」という呼び方をしています。不便ですか？　考えたこともなかったですね、わたしがここに来たときからそうでしたから。ええ、先代から五年前に引き継ぎまして。店自体は三十年前、このビルが完成したときに「表の店」とほぼ同時に開店しました。業界紙などでご

26

覧になったことがあるかもしれませんが、「表の店」の創業者はこの土地の出身で、七十年前に十五坪で開いた一号店が自分の理想の本屋だと言っておりまして。それをもう一度自分の手で再現してみたかったのだと思います。

――「メガ書店」の創業者の理想が十五坪の本屋というのは皮肉に感じますが。

誰かに聞いたわけではないのであくまで想像ですが、規模の問題だけではない気がするんですよ。わたしが初めて先代にここに連れられて来て品揃えを見たとき、自分のために作られた特別な本屋のような印象を受けました。もちろんそんなわけはないのですが、それくらい好みに合う棚だったと。

――特別な本屋、ですか？　高額本や限定本など貴重な本を扱うようなイメージでしょうか。

……ああ、稀覯本《きこうぼん》がずらりと並ぶ店だと思われていましたか。拍子抜けしました？　ええ、そのとおりです、ここにある本はほとんどすべて「表の本屋」でも取り扱っているものなんです。ここにしかない本なんてない、そういう意味では普通の新刊書店と同じなんですよ。ではなぜ、と思いますよね？　正直言うとわかりません。その答えを探したくて、わたしはここで働いているのかもしれない、と時々考えます。

――店主にもわからないというのは、ますます謎の本屋ですね。

とはいえ、いちおう自分の中でこれがヒントになるのかもしれない、ということはあります。本とひと、ひととひとの距離がここではとても近く、お客さまは原則としてすべて常連のかたですし、本を細かくジャンル分けせず連想ゲームのように並べているせいか、みなさまのんびり端から端まで棚を見ていかれます。ご覧になっている本を見てこちらからこういう本もありますよとお声がけもします。しばらく時間が経ってそこの椅子で小休憩されていたりすると、そっと珈琲を淹れて差しあげるときもあります。近くにおいしい珈琲豆のお店があるんですよ。そこの店長は珈琲の本も出してまして、うちでよく動いていますね。ちなみにわたしの淹れる珈琲を気に入ってくださって、最近はお茶菓子持参のお客さまもいらっしゃるくらいです。そんな雰囲気なので、ペットの病気の話や進路相談から結婚式のスピーチの添削まで、ここで本とわたしがお役に立てそうなことならば何でもご相談にのっています。本の売り上げに直接つながらないこともありますけれど。

ここはとても小さいので、本を一冊一冊吟味できます。逆に「表の店」のように本がたくさんあると、視線が滑っていってしまうのかもしれません。どんなお客さまにも、ひとつの棚に少なくとも数冊は興味を持つ本があるはずです。わたしはそれを見つけるお手伝いをさせていただいているつもりです。お客さまが求めているのは、本や棚だけではなくわたし自身も含めての、本屋なのかもしれないと思います。

……うーん、本のソムリエ、ですか。それよりむしろ占い師かと。「これはきっとお客さまのお気に召しますよ」「お客さまのために書かれたような本です」。秘密の本屋でこんなふうに薦められたら、暗示というか、それだけで本の魅力が何割か増しませんか？

――なるほど。話題は変わりますが、商品の仕入れや返品はどうなっているのでしょうか。屋号はないとおっしゃいましたが、独自の番線や仕入ルートがあるのですか？

基本的に商品は営業時間外に「表の本屋」から移動します。おおっぴらにはできませんから。「表」は複数の仕入れ口座を持っているのでそのひとつを割り当ててもらい、発注はわたしが、入荷後は商品課にいる仲間が本を動かしてくれます。返品も同じです。ああ、仲間ですか？　商品課と事務、あとはこのフロアの担当者と店長の四名が「裏の本屋」の存在を知っていてバックアップをしてくれます。そうです、それ以外のスタッフは知りません。ここの入口の扉のことは、開かずの扉と教えられているはずです。その他に社内で知っているのは、代々の店長たち以外には創業者一族、つまり前社長と現在の社長のみです。知るひとが多くなればなるほど、秘密は守られなくなりますから。

――その秘密についてですが、本当に徹底されているのでしょうか。

お客さまにとってここはプライベートサロンのようなものです。常連のかたでも必ずご来店前に連絡をいただきます。扉には常に内側から鍵をかけていますから。いらっしゃるお客さまによって棚の面陳や平積みを入れ替えておくこともありますね。新規のお客さまは、昔からの常連のかたからのご紹介のみとさせていただいています。この周辺の会社の重役のかたが多いですが、遠くから親子二代でいらっしゃることもあります。秘密は厳守です。そうまでして守りたい秘密の場なのか、とおっしゃりたいのかもしれませんが、秘密の存在だからこそ魅力的だと思いませんか？　秘密を守れるかどうか、わたしはひとを見る目はあると自負しています。ですので、この取材に協力したのも熊谷さんならば秘密の部分を伏せたうえで、きちんとこの店のことを書いてくださるに違いない、と思ったからです。

——ありがとうございます。最後に、お店の今後の課題や展望などをお聞かせくださいますか？

さいわい売り上げはコンスタントに伸びていますので、経営的な心配はまったくしていません。なんとなく想像がつくでしょうが、一般の書店の平均値に比べ客単価が非常に高いです。課題は、そうですね、いつまで秘密の本屋でい続けられるか、ということでしょうか。ＳＮＳで口コミが爆発的に広まる時代ですから。

——先日もお伝えしましたように、今回のインタビューは一年後に発売予定の本屋ガイドに「秘密の本屋さん」として、掲載させていただきます。住所等すべて伏せて特定できないようにしますが、発売前に一度ゲラをお持ちしますのでご確認をお願いいたします。本日はお忙しいなか、ありがとうございました。

——そして一年後。

本の発売日が決まって店主に連絡を取ろうと試みたとき、秘密の本屋はそこから消えていた。最初から何もなかったかのように。

メガ書店が入っていたビルの跡地には、建て替えと移転を知らせる看板が立っていたのだった……。

この文章をご覧になった読者の中に、なにか「秘密の本屋」に関する情報をお持ちのかたがいらっしゃいましたら、ぜひご連絡ください。不確かなものでもかまいません。どうぞよろしくお願いいたします。

「本屋の奥の秘密の本屋」の売れている本ベスト3

①『豆焼、豆売、豆商売』篠田和明著、まほろば舎

②『思考の整理学』外山滋比古著、ちくま文庫

③『竜馬がゆく 1』司馬遼太郎著、文春文庫

夢の営業

アツアツ・バーニング

今週の「出版営業ドリーマーズ」は、株式会社熱海舎・営業部長の漆原金太氏（40）にお話を伺った。その熱さ滾《たぎ》る営業と行動力から「バーニング漆原」と呼ばれる漆原氏は、既存の出版インフラに頼らず読者との接点を切り開いていくスタイルで「熱☆伝道師」の異名も持つなど、業界内でカルト的な人気を集めている。

――社員三名と小規模ながら「熱量込めて作った本をアツアツのまま読者に届ける」をモットーにした会社運営が注目されています。

漆原　ありがたいことです。しかし、いくら会社が注目を集めても、主役は「本」ですから。とにかく、本が読者のハートに届くかどうか。これが私たちの仕事のすべてです。営業としては、とにかくアツアツを届けたい。できることなら、鶴ちゃんが食べるおでんくらい、ヤケドするくらいの熱さを、そのまま届けたい。アツアツの鍋から直接お口に運ぶからこそ、熱いリアクションが生まれる。ポイントはそこだと私は思っています。

――自動配本をせず、書店から直接集めた注文に応じて満数出荷するという営業スタイルは、そのあらわれということでしょうか。

漆原　はい。小社の規模ですと、効率よりも距離感を大切にしたい。一軒一軒直接ご注文をいただき、直接お届けするというやり方。これを愚直に貫きたいんです。

――しかし書店が一万店以上もあっては、営業は間接的にならざるをえないのでは?

漆原　まさにそれが課題です。直接お伺いできないところには案内を送るのですが、小社で調べたところ、書店さんには出版社からのFAX案内が毎日百枚以上届き、それを見る時間は一件あたり平均〇・七秒、だったのです。SNSでの告知も飽和状態。これではアツアツは伝わらない。見落としだって起こります。そこでどうするか。小社はこのたび、同業他社の案内にも決して埋もれない連絡手段を思いつきました。

――それは、何ですか?

漆原　伝書鳩です。

――え?

漆原　鳩なんです。実は当初、「埋もれないアツアツの間接的営業」として、ドローンを導入したのですが、現場の書店さんからは「なんか怖い」とむしろ距離を置かれてしまいました。「これからウチのドローンに注文書を持たせますのでぜひご覧ください」と、まずは電話でお伝えしても、「いや、困ります。お客さまの迷惑になるかもしれないので」という反応が多くて参りました。不評に次ぐ不評でした。

——いやいや、ドローンはさておき、伝書鳩は生き物です。どうやって飼うのですか？

漆原　弊社から本を出した縁のある公益社団法人さんと提携して、そこが運営する老人福祉施設に「鳩ステーション」を作り、育成と運用を委託しています。現在は八カ所。今後、さらに拡大していく予定です。

——でもどうして、伝書鳩だなんて。

漆原　ドローンのような新しい技術だったら営業もきっと捗るだろう、と最初は思っていたのですが、そう甘くはなかった。そんなとき、『キューポラのある街』という昔の映画を見ていたら、伝書鳩が出てきたんです。「あ、これだ！」と。伝書鳩なら熱量も一緒に届けてくれると直感しました。鳩が空に向かって羽ばたく姿がまたアツアツなんですよ。施設のおじいちゃんおばあちゃんたちも、一生懸命育てた鳩を見上げて、涙を流して喜んでくれるんです。「おーい、注文もらってこいよー」なんて空に向かって大きな声出して。あれは、うれしかったなァ……。

――書店からの反応はどうですか？

漆原　ありがたいことに、ものすごくご興味をお持ちいただいております。鳩が持ち帰った注文書を見ると、予約冊数の横に一筆添えてくださっていることが本当に多くて。「期待してますよ！　一生懸命売ります！」とか「本が届くの、待ってます！」とか、「鳩かわいい！　おなかがあったかい！」なんていうのもありました。

――そんなに評判が良いと、これからは書店と出版社のあいだを鳩が飛び交う時代がやって来るかもしれませんね。

漆原　そうなったら愉快ですね。創業から十年経ったいま思うのは、距離感というのは相手や時期によっても変わってくる、ということ。鳩が苦手な書店さん向けに、宅配チェーンの「ピザ・カルド」ほか数社と提携した仕組みづくりにも着手しています。アツアツがそのまま感じられる距離感で良い提案ができれば、売場で手に取ってくださった読者の心に灯をともせるかもしれない。出版営業って、夢のある仕事ですよね。

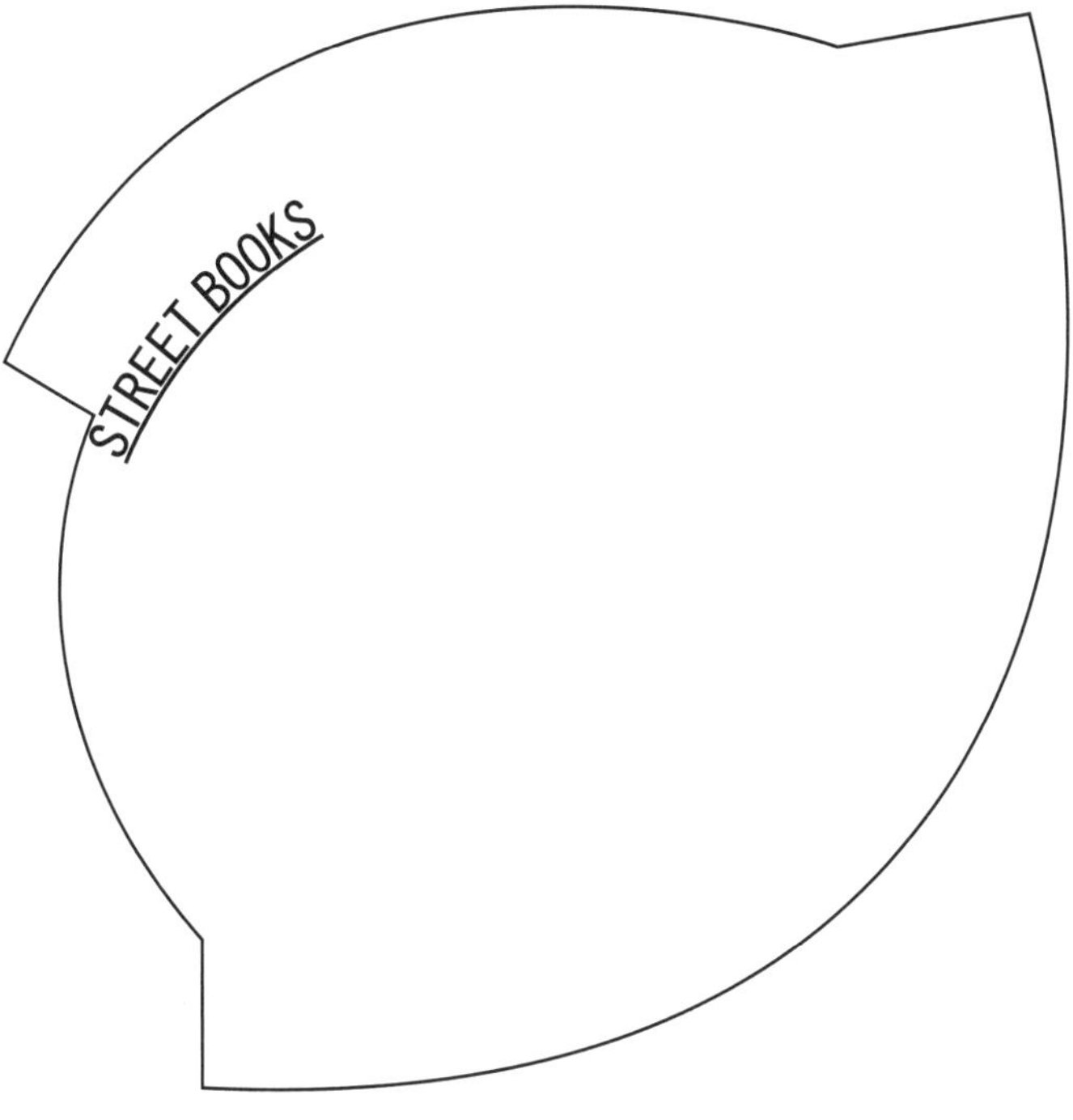

大阪府大阪市

4月20日(月)

天気は晴れ。大阪・心斎橋の街にカメラを片手に繰り出す。

お昼に入ったカフェで読書中の女性を見つける。文庫本で、カバーがかけてあり、書名はわからない。貴重な読書の時間、申し訳ないと思いながらも、思いきって声をかけてみる。

女性は最初不審そうに見ていたが、「STREET BOOKS」というウェブ上の「本屋」をやっていて、街で読書している人たちに今読んでいる本を教えてもらい、写真と一緒にアップしていると説明すると、少しずつ警戒が解かれていく。ただ、写真に撮られるのは若干抵抗があるようで、そういう場合は顔を写さず、本を持った手元を食事などと一緒に撮影することにしていると話すと、それならばと了承してもらえた。

彼女が読んでいたのは、向田邦子の『父の詫び状』。二十代前半と思しき若い女性が、なぜその本を読んでいたのかが気になる。

取材を受けてもらう人には、あわせて簡単なアンケートもお願いしている。質問項目は「今読んでいる本のタイトル」「著者名」「その本を選んだ理由」「(読み始めでも途中でも)その本を読んでみての感想」「あなたにとって読書とは?」の五つ。

その他、年齢や職業、時間が許せば好きな本や作家についても聞いてみる。昼休み中の読書の場合は、時間が少なく難しい。今日の彼女も「そろそろ時間が……」ということで、近日中に記事をサイトにアップするのでぜひ見てほしいとURL(www.streetbooks-osaka.com)を載せた名刺を渡して、お別れする。読書の時間を邪魔して悪かったなと思うと同時に、今日まず一人でも「読書する人」が見つけられたことがうれしかった。

近日中に、と言ったものの、会ったそのときの感覚をできるだけ残しておきたいので、可能なかぎりその日のうちに記事を書き、アップする。撮らせてもらった写真に、少しの文章を添えて。心がけているのは、少しでもそこに〝読んでいる人〟

が見えてくるようにすること。

○本日の写真タイトル「彼女の原点」
・ゆきさん（23歳・社会人1年目）
・読んでいた本……『父の詫び状』（向田邦子著）
「実家から持ってきた本です。久しぶりに読んだら懐かしいというか……家族のことを思い出して、なんだかホッとします」

5月23日（土）

くもり。今日も御堂筋を行き交う人々を眺めながら、「読書する人」を探している。「読書する人」はどこにいるのか。もちろん、図書館や書店へ行けばたくさんいるだろうが、街中になると見つけるのはとても難しい。電車で向かいに座る人たちを見ても、疲れて眠っている人、スマホをいじる人、何もせずにどこかをぼんやりと眺めている人など、それぞれ。彼らのカバンの中に「本」はあるのかもしれない。もしくは、スマホで何かを「読んで」いるのかもしれない。でもわからない。

街行く人を見ても、まさか本を読みながら、もしくは片手に抱えながら歩いている人などそうそういない。

声をかけてみても、けっこうな確率で「何も読んでいない」と断られる場合も多い。そういうときは、二重の意味で傷つく。それでも、聞いてみなければわからない。そう思って、今日も勇気を出して誰かに声をかけてみる。

○本日の写真タイトル「息抜き」
・加藤さん（35歳・営業職）
・読んでいた本……『ほんまにオレはアホやろか』（水木しげる著）
「タイトルに惹かれて買いました。移動中の電車とかで読むと肩の力が抜けて。疲れてるときなんかは特に水木さんの文章が効きますね」

6月26日（金）

「STREET BOOKS」を始めたきっかけは、単純に、本を読む人たちの話をもっと聞きたい、と思った部分が大きい。老眼がひどくもうしばらく本など読んでいないという祖母が、たまたま贈った『日本の七十二候を楽しむ』という歳時記の本を思いのほか喜んでくれ、毎日読んでいるよと言ってくれたこと。お世話になっている美容師さんが、髪を切りながら最近読んだ中村文則の『教団X』がすごく面白かったと熱く語ってくれたこと。

その人にとってはなんでもない些細なことかもしれないけれど、誰かのそばに本があることがうれしかった。本は高尚なものではなく、たくさん読めばいいというものでもない。本が何気なく誰かの生活のそばにあること。それがいちばん幸せなのではないかと思った。そんな話をもっともっと聞いてみたい、と思った。

「本の販売はしていないのですか?」とよく聞かれるのだが、残念ながら行なっていない。そういう〝仕組み〟を自分でつくるのが困難だったということもあるけれど、本屋は単に本を「売っている」場所なのではなく、「読む楽しさを伝える」場所でもあると考えると、本を売らずとも、本を読む人を通じて本を紹介していくというかたちもひとつの「本屋」になり得るのではないかと考えたからだ。

決めているのは、一日一人は必ず紹介すること。もちろん、毎日答えてもらえるとはかぎらないので、同じ日に複数答えてもらえた場合は、それを何日かに分けて紹介したりもする。気づけば三年続けてきて、これまでに取材を受けてくれたのは1232人。本来人見知りの私がこんなふうに初対面の人と話すことができるのも、あいだに「本」という共通項があるからだろうなと思う。

御堂筋を歩いていると最近は海外の人も多く、声をかけてみたら思っていたのとは別の国の方だったということもよくある。そういうときもひるまずに、拙い英語で今なにか本を読んでいるか聞いてみる。今日の彼は韓国から。

○本日の写真タイトル「旅のお供」
・パクさん（24歳・旅行者）
・読んでいた本……『ノルウェイの森』（村上春樹著）
「さっきそこの本屋さんで買いました。日本に来たらこの本を買おうってひそかに決めてました。これを持って旅します」

7月15日(水)

もうひとつ、大きな影響を受けたのは、ストリートファッション・フォトグラファーのシトウレイさんの存在だ。東京のストリートファッションを海外に発信するウェブサイト「STYLE from TOKYO」を主宰しているシトウさん。正直、ファッションの世界には苦手意識のある私だが、彼女の、ファッションを楽しもう、楽しんでいる人たちの姿を伝えよう、というまっすぐなまなざしは違和感なくすっと受け入れられた。先に説明したアンケートやサイトのつくりなど、ほとんどの部分は「STYLE from TOKYO」を勝手ながら真似させてもらった。

何より、主宰している彼女自身がとても楽しそうだというのがいちばん印象的だった。もちろん彼女にはまだまだ遠く及ばないけれど、「STREET BOOKS」を始めてよかったと思うのは、本というものをいつも新鮮な気持ちで見られるようになったこと。その本をいくら〝知っている〟つもりでも、誰かが〝語る〟その本は、まったく別の意味を持って輝きを放っている。その光を発見し、伝えること。それこそが「STREET BOOKS」を続けていく理由なのかなと思う。

○本日の写真タイトル「探しもの」

・のりおさん（19歳・大学生）

・読んでいた本……『旅をする木』（星野道夫著）

「ふだん本とか全然読まないんですけど……でもこれはすごく読みやすくて。いろんな選択肢があったはずなのになぜ自分はここにいるのか……っていうところ、特に今の自分には刺さりました」

8月30日（日）

三年という節目を迎えた今年、どうしてもやりたかったことがある。心斎橋にある書店「スタンダードブックストア」に協力を依頼し、これまで撮影した写真と掲載コメント、そして本を一緒にして期間限定で店内に展開してもらうことになった。リアル版「STREET BOOKS」の出店である。

いつもはサイト上でバラバラに紹介している一人ひとりの姿が、こうしてひとつの場所に集まってみると、不思議とその向こうに街の景色や今の時代の空気が立ちのぼってくるような気がしている。期間限定の出店をサイト上で告知したところ、普段から見てくれている人たちや、これまで取材を受けてくれた人たちもたくさん足を運んでくれた。道端で一度言葉を交わしただけなのに、前からの知り合いのように話が弾む。春に『父の詫び状』を読んでいた彼女は、今はこんなの読んでますと照れながらも自ら話してくれた。あのときは慣れない仕事で不安だらけだったが、やっと落ち着きました、と笑っていた。その時その時で読んでいるものは、その人自身とたしかにつながっている。

「STREET BOOKS」は本来、店を持たない書店だが、やはり根本は本屋が好きで街に本屋があってほしいと願っているので、本を読む人と、街と、本屋がこうしてつながれば何よりうれしい。

明日も「読書する人」を探しに、街に出る。

○本日の写真タイトル「再会」
・ゆきさん（23歳・社会人1年目）
・読んでいた本……『オレの宇宙はまだまだ遠い』（益田ミリ著）
「友達に薦めてもらって読んでます。主人公の書店員・土田君の、地味だけど、投げやりにならずに丁寧に生きている感じに、明日も頑張ろうと思います」

「STREET BOOKS」で紹介が多かった本ベスト3

①『自分の中に毒を持て』岡本太郎著、青春文庫

②『うつくしい人』西加奈子著、幻冬舎文庫

③『働く男』星野源著、文春文庫

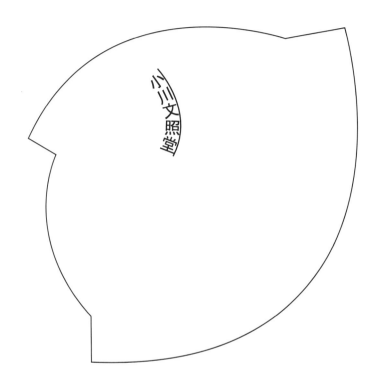

小川文照堂

東京都渋谷区

小川文照堂　年譜

文久四（一八六四）年

神童と謳われた小川藤兵衛（十四歳）が小遣い稼ぎのひとつとして学友相手に一冊二晩三文で、蔵書を使った貸本を始める（現在の東京都国分寺市）。

慶応三（一八六七）年

顧客増加により管理事故多発。多くの本が消失・破れ・傷みの憂き目にあう。同年十月、藤兵衛、貸本停止。

明治一四（一八八一）年

新聞販売業などで修業を積んだ藤兵衛、東京都渋谷区に古

明治一七（一八八四）年

書店「小川文照堂」創業。約四坪の敷地で、個人所有の本を一冊ずつベニヤ板に平置きで並べる。貸本時代の貯蓄はすべて開業資金に充てられた。

旅行で店頭に立ち寄った旧米沢藩出身の杉島美智子（二十三歳）と出会う。同年八月、美智子と佐渡へ駆け落ち。小川文照堂、一時閉鎖。

明治一八（一八八五）年

勘当同然の美智子と入籍。小川文照堂、再開。

明治一九（一八八六）年

長女・まみ子生誕。

明治二六（一八九三）年

長男・又五郎生誕。

明治四一（一九〇八）年

三省堂書店より辞書の取扱開始。

小川
文照堂

大正四（一九一五）年
岩波書店より新刊・夏目漱石『こゝろ』取扱開始。
同年四月、藤兵衛、死去。二十二歳の又五郎が跡取りに。

大正一〇（一九二一）年
又五郎、古書の取扱に見切りをつけ、新刊書店「小川文照堂」開店。流行作家、芥川龍之介が立ち寄り、新聞紙上で話題となる。

大正一五（一九二六）年
震災孤児、武雄（二歳）を養子に迎える。

昭和一七（一九四二）年
又五郎、スマトラ島にて戦死。十八歳の武雄、義祖母の美智子とともに店に立ち始めるが、戦時中の環境下、店は半休業状態に入る。

昭和二〇（一九四五）年
終戦。美智子死去。

昭和二一（一九四六）年
たくさんの支援者に恵まれ、同区内で移転。新たに約三十坪の「小川文照堂」として再開。三木清『哲学ノート』（河出書房）を半年で千冊売り、同書籍が国民的ベストセラーに至る橋渡し的書店となる。

昭和三二（一九五七）年
武雄、見合いの末、山辺良子と結婚。この頃より配達を本格的に開始。

昭和三五（一九六〇）年
長男・公平生誕。同年八月、西荻窪に二号店開店。約六十坪で、夏季には店頭でカブトムシを販売し、夏休み中の子供たちの学び舎となる。

昭和四五（一九七〇）年
廃業した隣町の書店より教科書販売の受付を譲り受ける。

昭和五三（一九七八）年
『スター・ウォーズ』ブームに乗り、向かいの森谷玩具店と連携フェア。各店舗で関連のものを購入すると、商店街割引券を進呈。

昭和六〇（一九八五）年

佐藤泰志サイン会開催。同年五月、山田詠美サイン会開催。同年六月、公平の友人、知《ち》久《く》寿《とし》焼《あき》（二十歳）が店内でミニライブ敢行。

平成二（一九九〇）年

公平、二号店店長に就任。同店舗ではＣＤの取扱開始。

平成八（一九九六）年

公平、長谷川有紀と結婚。妊娠三カ月。

平成一五（二〇〇三）年

二号店閉店。本店と統合。最終日、友部正人が詩を朗読。

平成二〇（二〇〇八）年

隣町に大型競合店が出店。老舗独自のフェアを二カ月ごとに試みる。「あの人の時代フェア」「うたがきこえる本フェア」「もう一度、本屋で会おうフェア」

平成二五(二〇一三)年

四月三十日。小川文照堂、閉店。教科書販売は大型競合店へ。知久寿焼が小川文照堂の百三十二年をレジで歌う。

（資料提供）ホホホ座　山下賢二

「小川文照堂」の売れた本ベスト3

①『日本百科大辞典』（第一巻）三省堂編輯所編、三省堂（1907年）
②『こゝろ』夏目漱石著、岩波書店（1914年）
③『哲学ノート』三木清著、河出書房（1946年）

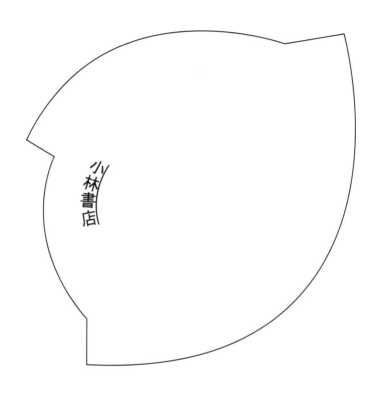

小林書店

東京都豊島区

飲食店的な店をやっておりそこでわずかだが本を売っている。僕がたいへん好きで一冊でも多く売れることに寄与したいと思う本を出版社から直接仕入れて僕の読書感想文めいた文章を添付して売る、そんなことをおこなっている。ただなかなか売れるものではなく、「これはいい出来だぞ」という感想文をそうそう書き続けられるものでもなく、かなり停滞している。そんな折、知人から「近いといえば近いことを異常なテンションでやり続けている本屋があるから行ってみては」と進言いただき休みの日の夜八時、大塚駅に降り立った。

北口から北のほうに行くと都電荒川線の線路があってそれをまたいで個人商店が両サイドに点在する通りをもう少し行くと都立文京高校があって学校の敷地に沿って折れて小道に入って煌々と明るく部活動の声音が賑やかな体育館およびグラウン

ドを横目にまっすぐ進むと、白い角灯が光っているのが見えて黒い縦書きで「小林書店」とあった。四階建ての、上はアパートだかマンションだかになっている建物の一階にあるその店のファサードは全面ガラス張りで中の様子が見え、総じて真っ白で明るくギャラリーかなにかのように瀟洒《しょうしゃ》な雰囲気でやや気後れを感じながら扉を押し開けると、奥の隅に座って本を開いている男性が笑顔をこちらに向けて快活な調子でこんばんはとおっしゃったので同じ言葉を返した。店内には一人、飲み物を手に展示されている本を眺めている女性がいる。

展示、と書いたけれどもそれはたしかに展示といったおもむきで、本はすべて表紙を向けて陳列されている。左右二面の壁に白木の板が一段だけまっすぐに設えられ、そこに片面十五冊程度の本が十分に間隔をあけて並べられている。正面の、奥の方の席からひと続きになった高めのテーブルの真ん中あたりに十冊ほど積まれた本のかたまりがある(このときは国書刊行会から出ている『虚構の男』だった)。それがこの店で売られている本のすべてだった。五十冊にも満たない。

『虚構の男』から少し離れたところにハイスツールが二脚あって、その前にタブレットが設置されている。画面に触れたところ「ドリンクメニュー」「蔵書リスト」

の二項目が表示され、リストに興味を惹かれつつもひとまずドリンクを頼むことにして種類豊富といって差し支えのなさそうな飲み物の中から志賀高原ビールのペールエールをいただき、飲み飲み店内をうろつくことにした。

読んだことのある本、知ってはいるけれど読んだことのない本、まるきり知らない本が一冊ずつ丁寧に並べられていて、川上未映子であったり青木淳悟であったりの日本の現代文学からソローキンやウルフ（ヴァージニアもジーンもあった）といった海外文学もあれば、現代思想や映画批評や写真集やアートブックや、はたまた『聞き方の技術』とか『マーケティングリサーチの論理と技法』なんていうものもあって、後日読んだインタビュー記事で「いわゆる文脈棚的な文脈は考慮していないですし、むしろ遠ざかりたい。読んで、書いた本。それを置いていくだけですね」と言っているように、ここに並んでいる本をひとつのカテゴリーにおさめるとしたら「小林さんの人生を通っていった本」という以外になくて、徹底して個人的な売り場になっている。それは他人の僕にとってはまったく見たことのない新鮮な並びで、フーコーの横に『人材派遣のことならこの1冊』が置かれているような異様な景色に心地よい驚きを味わい続けるほかできることはない。少し間違えたら衒《てら》

いのようなものが感じられそうなものなのだけど、小林さんによって「読んで、書」かれた本たちであるという事実がそうさせるのか、不思議な納得感を店内にいきわたらせていた。本は基本的に一冊ずつアマゾンや職場近くの書店で仕入れるらしく、入れ替えは「そのときの気分で、適当に」とのことだが、「たとえば小説に偏ってしまってはこの店の自己紹介としては不十分なんです。だからそういうときは経済学の本を入れてみたり」してバランスにだけは気をつけているという。「すでに知っている本はみなさん買われないんですよね。知っている本が置かれていることをひとつの踏み台、信用の根拠にして、ふだん触れることのないジャンルなり作者なりに手を伸ばされる方が多いように見えます」

ところで先ほど「書いた本」という発言を引いたように、小林書店の一番の特徴は書評が売り物になっているというところで、本を買うと小林さんによる書評がついてくる。また書評単品で買うこともできる。本の値段は定価プラス三〇〇円で書評単品も三〇〇円で、利益は完全に書評で作る、ということらしい。タブレットの蔵書リストには僕が行ったときは一一九二冊あり、そのどれにも短くて五千字の書評が書かれているというのだからなんというか桁違いにすごい。とっさに「松岡正剛を一人でやっているみたいじゃないか……！」と思ったらそもそも松岡正剛は一人だったのだけど、小林さんの書評も一人の人間が書いたとは思えない様相を呈している。

文体のバリエーションだけならひとつの芸という感じもするのだけど、小林さんの書評はひとつひとつの語り手が別人になっている。属性が具体的に説明されるわけではないにせよ、この日僕が買った六つの書評だけでも小林さん当人と思しき三十代の男性、弟が高校受験を控えている高校生の女の子、バンド活動をしながら無印良品で社員登用を目指して働いている青年、マドリードの日本語学校で講師をしている日系ペルー人、早くに妻を亡くして今は二回り年下の女性に恋い焦がれているらしい初老の男性、人材派遣会社で派遣社員として働いている中年の女性が語り手として登場した。読んでみればそれはたしかに書評としか呼びようのないものなのだけど、それでいて語り手の人生が浮かび上がってくるような、書物をめぐる短編小説のような結構になっている。

小林さんはそれについて「これまで本を通していくつもの人生、いくつもの考え方、いくつもの知見を聞かせてもらってきたわけです。書評という手段を使って、それを私も表現できないかなと思って」と言っている。「まあ、遊びなんですけど（笑）」と続くのだけど、お店に行く前にインタビューを読んでおけばよかったと後悔したのはフォークナーの『死の床に横たわりて』の書評を買わなかったことで、これはとうてい遊びの範疇《はんちゅう》を超えている。ひとつの死をめぐる十五人の語りで構成された小説に呼応する形で、ゼミの課題図書としてこの小説を読んだ十五人の大学生が夏休みに自死した一人のゼミ生について語るというつくりらしく、「文庫本にしたら二百ページくらいですね」というから圧巻、というか一体どんなことになっているのか、ものすごく読んでみたい。

そんなふうな魅力的というか箍《たが》が外れたような書評が十年以上書き続けられていて、今も月平均十冊ずつ増えていっているらしい。もともと小林さんははてなダイアリーでずっと書評ブログをやっていて、それが評判になったらしくＨＯＮＺのレビュアーを務めたりしたのち、二年前に「リアルをもっと充実させたくなって（笑）」店を出したそうだ。営業日は水木金の夜七時から十一時と限られていてそれだけを切り取ると趣味でやっている店のようにも見えるのだけど、書評およびドリンクで出る利益と書評を配信する月額一五〇〇円というそうとう強気な値付けのメールマガジンに購読者が八十人ついていて、それで家賃その他店の諸経費と毎月の個人的な書籍代までカバーしてまだ余るというから十分に副業以上のものになっている。

結局計三杯ビールを飲みながら、並んでいる本を眺めたり蔵書リストから気になった本の書評（最初の二千字はその場で読める）を読んだりしているうちにあっという間に二時間ほどが経って、その時間のなかで「この人が面白いと言うならきっと面白いはずだ」という信頼感が育まれていった結果、松田青子の小説と『文体の科学』の二冊、それから読んだことのある小説であるとかの書評を四つ買って帰った。僕がいるあいだに何人かお客さんが来ていて小林さんと談笑している場面もあって、でも変な内輪感はなく、最後まで居づらい思いをせずに過ごすことができた。

帰りの電車で「一体この本にどんな文章が書かれるというのか」という興味だけで買ってみた『人材ビジネスの動向とカラクリがよ〜くわかる本』の書評を読んでみたところ、派遣社員が舐める辛酸および仕事に対する矜持を描き出すエモーショナルな筆致、そして老いた飼い犬にまつわる意想外にドラマティックな展開に不意打ちされてぼろぼろと泣いてしまった。

書評では必ず一冊は他の本が言及されていて、『人材ビジネス～』は莫言《モーイエン》の短編集『白い犬とブランコ』だった。「書評それ自体が輝き、導く」という小林さんの狙い通り、「もう次は絶対これ」と思った。

「小林書店」の売れている本ベスト3
①『増補　夢の遠近法　初期作品選』山尾悠子著、ちくま文庫
②『旅路の果て』ジョン・バース著、志村正雄訳、白水Uブックス
③『マラルメ詩集』マラルメ著、渡辺守章訳、岩波文庫

陽明書房

東京都新宿区

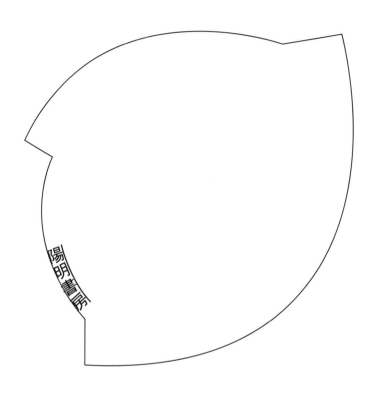

恐ろしい書店がある。

比喩とか褒め言葉ではなく、文字通り「恐ろしい」書店。陽明書房は心霊専門の書店である。

本書で取り上げたい旨を電話で伝えたところ、「夢の本屋……ですか？　どちらかというと夢に出る本屋ですけど、そんなウチでいいんですか？」と、店主の秋元さんの洒落なのか本気なのか判断しかねる返事に笑うこともできず、なぜか声を潜めて取材を申し込んだ。

季節は夏。しかも陽明書房は夜八時から深夜三時までと、ご丁寧に丑《うし》三つ時も営業している。せっかくなので零時を越えたあたりでじっくり話を聞いてみたいと考え、真夜中に四谷へ向かった。まとわりつくような蒸し暑さのなか、夜も深いのに車の往来で騒がしい新宿通りから店のある路地へと曲がった。その途端、ピシャリと静寂に包まれた。まるで背後でドアを閉められたかのように音が消えたのだ。寂寂とした細い路地を歩いて行くと、徐々に周囲が暗くなってくる。自分の足音と、明滅する街灯の唸る音、そこに群がる虫たちの羽音までもが驚くほど大きく聞こえ、特殊な書店のことを考えると周囲の空気が張り詰めているように感じる。

ここは四谷の街中である。街灯も多く深夜でも明るい。はずであるが、路地が異様に暗い。闇に包まれていると言ってもいい。私の目の前に現れた陽明書房は、地味な蛍光灯に青白く照らされて、ぼんやりと浮かび上がっていた。

入口の前に立った。自動ドアでなく、古びた木製の引き戸だった。その中央やや上のほうに毛筆で「陽明書房」と書かれた和紙が貼ってある。上手くもなく、下手でもない、平凡な字が余計不気味さを醸し出す。もしかしてお札が貼ってあるのではないかと思い、周辺を見渡そうと頭を右に向けた瞬間、私の後ろに人が立っていた。帽子から上着、ズボンまで白一色を身にまとった板前の男性だった。

ゾッとした。

「あの……入りたいんですが」

お客であった。

そうなのだ、私は心霊スポットに来たのではない。書店に来たのである。あ、すみません、と男性に声をかけ引き戸を開けて、中に足を踏み入れた。

店内は普通の本屋だった。蛍光灯の照明と、スチール製の什器。雑誌もあるし、文庫も書籍もある。すっと肩の力が抜けた。見慣れた書店の光景に安堵した。しかしここは心霊専門の書店だ。よく見れば、文庫の棚には実話怪談やホラー小説のおどろおどろしい表紙が並ぶ。心霊系の雑誌はこんなにあったのかと驚くほど多い。『ムー』は当然として、怪談専門誌『幽』や『Mei（冥）』など、人気を物語るように山積みになっている。店内中央のイベント台では「お盆到来！　心霊写真を撮ろう」というフェアが展開中だ。

見渡すと広さは二十坪くらいだろうか、こんな時間なのに客は十人もいて、皆それぞれ無言で本を手に取っている。店の奥にレジカウンターが見えた。ぬぼーっと立っている黒のエプロン姿の男性が秋元店長だった。

私が挨拶し自己紹介すると、「季節といい時間といい、ベストシーズン・ベスト

W.C.

タイムを選ばれましたねえ」と笑顔で応えてくれた。四十歳と聞いていたが、笑顔が若々しい。

――入った瞬間からこのお店に圧倒されました。まずはこのような特殊な本屋を始められたきっかけを教えていただけますか。

はっきりとしたきっかけみたいなことはないのですが、僕自身こういった心霊ものが小さい頃から好きだったというのが第一にあります。まあ、本屋にこういった本を探しに行くと品揃えが寂しいことが多かったですね。そんな悔しさみたいなものがあったのと、今はネットで本の販路も広がってますし、それなら商売の目処も立つだろうとけっこう軽い感じで始めてしまいました。

――それまではどのようなお仕事をされていたのですか？

マーケティングの会社に十五年ほど勤めてました。そのなかで小売業のコンサルタントもしていたので、お店をやる自信も多少はありましたね。

「よければ店内を案内しながらどうですか？」と提案されたので、お客さんがいるなかで恐縮しつつ店長と二人で店内をまわりながら取材をさせてもらうことになった。

レジに向かって右手のここがＤＶＤコーナーです。いまや心霊業界も動画の時代ですからね。よく売れます。

――この真っ白なパッケージは何ですか？　油性マーカーで「新小岩駅」とだけ書いてありますが……。

これは個人の方が撮った心霊動画をＤＶＤにしたものです。持ち込みです。

――う、売れるのですか？

実はこの素人モノがよく売れます。

――なんかＡＶ《アダルトビデオ》みたいですね。

あ、いいとこ突いてますね。実際、ＡＶの撮影中に写っちゃったヤツの持ち込みはけっこう多いですよ。処分に困るんでしょう。

――映像はチェックされるのですか？

当然です。品質は一定のレベルを保たないと店の信頼を失ってしまいますからね。持ち込みの際には僕がチェックします。

――さすが商売人ですね。こちらは写真集ですか？

そうです。すべて心霊写真ですが。

――ですよね。あ、この中岡俊哉さんの心霊写真集は僕も昔持ってました！　で、この白い本は……。

はい。持ち込みの心霊写真をウチでまとめて一冊にしてます。ＰＢ商品というやつです。

――ＰＢ？

プライベートブランドです。ウチでしか買えません。差別化です。

――な、なるほど。店自体で十分差別化できてるように思えますが、徹底してますね。

こちらが雑誌コーナーです。『ムー』の他に怪談系雑誌などが人気です。さすがに雑誌のＰＢはやってませんが。

――この英字の『New Dawn』という雑誌は何ですか？

イギリス版『ムー』みたいな雑誌です。心霊に国境はありません。

――壁面がコミックコーナーで、入口の右手が児童書。普通の書店とコーナー分類は基本的に同じなんですね。

心霊はさまざまな媒体で扱われていますので自然とそうなりますね。児童書から入口を挟んで隣に移ると旅行ガイドがあります。当店人気のコーナーです。

――旅行ガイドが人気ですか。なんとなく察しがつきますが……ああ、やっぱり心霊スポットのガイド本ですね。

霊は地にありですよ。

――はあ。

都道府県別や地域別に出版された心霊マップは当店の売れ筋です。なかには建物の詳細な見取り図が載っているものもあります。

――今はスマートフォンなどでまとめサイトから簡単に調べられると思うのですが、紙の地図はまだ重宝されてるものなのですね。

そういった場所に行くとだいたい電子機器は狂って使い物にならなくなりますし、電波も入らなかったりするので、実はキャリアを積んだベテランほど紙の心霊マップを持ち歩く人が多いです。

――よく見るとかなり古い本もありますが。

昔作られた本に載っている心霊スポットは、現在は建物なら取り壊されていたり、地名なら変わっていたりと、痕跡が覆い隠されていることがあります。古い本からそういった過去の情報を得ることは重要ですね。霊に時の経過は無意味です。

——場所といえば、陽明書房さんはかなり街の中心部にありますが、四谷という場所にこだわりでもあったのですか？　やはり四谷怪談、ということですか？

よく言われますが、まったくの偶然です。それに四谷怪談の舞台は雑司が谷で、四谷ではないんですよ。まあ、単純にここの家賃が格安だったから、というのが理由です。ほら、あそこに赤いテープが垂れ下がっていますでしょ？

——はい、ありますね。

（店中央の天井から長さ二十センチほどの赤いテープがぶら下がっている）

首吊り自殺があった場所です。

——は、はい？

ここ、元は割烹だったらしいんですがそのご主人がそこで……（と言って店長は頭から上に拳を上げる仕草をした）。まあ、事故物件ってやつですよ。そういうとこならどこでもよかったんです。安く借りれるし、店のブランディングとしても最適ですし。

——ブランディング……ですか。な、ナニか起こったりはしないですか？

いや、ナニも起こりませんよ。実は僕はそういうの一度も見たことないんです。これだけ好きなのにね。

気がつけばもう深夜二時をまわっていた。事故物件と聞くとさすがに気味悪く、このあたりで取材を切り上げようと思った。

――もう、こんな時間ですね。後ほど今回のお話を原稿にまとめてお送りします。今日はお忙しいなか、ありがとうございました。

いやいや、今晩はお客さんがいなかったから、話し相手がいて楽しかったですよ。

私はそれを聞いて飛び出すように店を出た。

後日、この原稿を店長に送ると、「さすがですね。これはいい宣伝になりますよ」と軽い返事が返ってきた。

今でも秋元店長は一人で店に立ち続けている。

「陽明書房」の売れている本ベスト3

①『怪談現場　東京23区』吉田悠軌著、イカロス出版

②『実話怪談　出没地帯』川奈まり子著、河出書房新社

③『心霊写真集』秋元保憲編、陽明書房

忍者屋敷カフェ 伊藤書店

三重県伊賀市

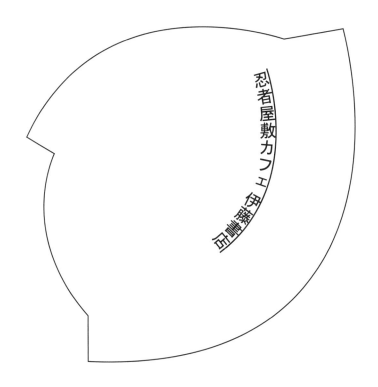

伊賀市は伊賀忍者発祥の地と言われており、忍者にまつわる観光スポットが市内に点在する。最も規模の大きい「伊賀の里 忍者村パーク」は、忍者のコスプレで記念撮影をしたり、手裏剣・吹き矢ゲームや忍者屋敷体験などが楽しめるエンターテインメント施設だ。週末は子ども連れの家族や、近くに温泉旅行・果物狩りに来た観光客でにぎわうという。

「忍者屋敷カフェ 伊藤書店」は、その忍者村パークから一キロほど北東に行った住宅地の中にある。門をくぐり古い屋敷に入ると、土間特有のひんやりした空気を感じる。店内は今流行りの古民家カフェ、といった趣きで、シンプルなテーブルや椅子が配置され、小さなグラスに入った植物がそれぞれの席に置かれている。ちょうど昼過ぎだったこともあり、何組かの客が食事をしている。カフェ部分の先の和室が本屋になっているようだ。

さっそく僕は店主の服部俊之さんに声をかけた。人懐っこい笑顔が印象的な、小柄な若者だ。

「いや〜、初めてですね、東京から取材が来るなんて（笑）。隠し本屋のことを聞いていらしたんですよね？　どうぞ、ご案内しますよ」

奥へと進み、畳敷きの上に本棚を設置した十五坪ほどの部屋に足を踏み入れる。雑誌、漫画、実用書……ごく普通の本屋の品揃えだ。壁面はすべて本棚でびっしり覆われているが、一箇所だけ、床の間の前は空いていて、うやうやしく飾られた壺と掛け軸がいかにもな不自然さを醸し出している。手を伸ばして掛け軸をおそるおそるめくると、期待どおり、そこは隠し通路の入り口になっていた。思わず服部さんのほうを振り返ると、「行ってください」というようなジェスチャーをする。腰をかがめ、掛け軸をくぐって天井の低い通路を中腰のまま歩く。五メートルほどの通路の果て、左手に現れた小さな和室にはこちらも壁一面に棚が作りつけられ、三方を文庫本が埋め尽くしていた。

「第二の売場です（笑）。ここは主に文庫ですね。あちらの棚は時代小説を中心に。

山田風太郎や司馬遼太郎なんかの忍者モノは、なるべく揃えるようにしてますよ。海外の小説は置き始めるときりがないので、密室ミステリーとかを中心に厳選して置いています」

「なるほど……これはすごいですね」

「隠し部屋はここだけではありません。さらにこの奥に」

そう言いながら服部さんが部屋の押入れを開ける。中は一見普通で、座布団が高く積まれている。ところがそれを引っ張り出すと奥に隠し階段があった。

みしみしいう狭くて急な階段を昇っていくと、今度は屋根裏部屋のような場所に出た。しかしここも、かなりの本がある。先ほどまでの部屋と違い古書が多いようだ。画集や写真集、漫画本のゾーンもあるが、色あせた背表紙のものも多数目につく。部屋の隅には押入れで見たのと同じような座布団が積まれている。

「ここはさしずめ大人の隠れ家、といったところでしょうか。この場で本を読みながらくつろいでもらってもいいですし、気に入った本があればすべて購入可能です。長時間過ごされる方もけっこういますよ。それから、ここことは別に子どものための隠し部屋もあるんです。よかったらそちらも」

先ほどの階段を降り、隠し部屋を通ってカフェまで戻る。その右奥、ソファー席近くの壁に「こどもの本こちら　スタッフまでおたずねください」と書かれた小さな貼り紙がある。その壁の右端を押すと壁がまるごと縦に一八〇度回転して中に入れる仕組みだ。部屋の天井は自分の身長より少し低いくらいだろうか、窮屈だが、横に広がりのある空間で、子どもにはちょうどいいのかもしれない。名作絵本から人気キャラクターの本、『NARUTO』や『忍者ハットリくん』といった漫画、乗り物図鑑まで幅広いラインナップで、こちらは畳ではなく柔らかい素材のマットが敷かれており、大人も座って本を楽しめる。

カフェの席であらためて話を聞いた。服部さんが出してくれたアイスコーヒーには手裏剣型の手づくりコースターが添えられている。

「もともとは『伊藤書店』という名で、叔父がここから三キロほど離れた場所でごく普通の本屋を営んでいたんです。ただ、経営状況が悪く閉店を考えていました。一方で、この屋敷は父の友人が所有していたものですが誰も管理する人がおらず、売却しようにも貴重な仕掛けが現存すると思うともったいなくてできなくて……節税や助成金のこともあって、使い道を探しているところでした」

「なるほど……でもなぜわざわざ服部さんがその二つをまとめて面倒見ることになったのですか？」

「僕の地元はこっちで、大学で名古屋に出ました。学生時代はカフェのバイト、卒業後はそのまま名古屋で、雑貨屋と本屋を足したような若者向けの店で働いて。そのまま店長にまでなったのですが、身体を壊してしまい、仕事を辞めて帰ってきていました。店を始めたのは、いろいろなタイミングが重なって、としか言いようがありません。伊藤書店の屋号を譲り受けてこの変わった屋敷で本屋をやれるかも、となったときに、隠し部屋がそのまま本屋になったらどんなに楽しいだろうと思って。いや、そのワクワク感があったから店をやる決心がついた、というほうが正しいかもしれません」

僕は小さい頃アニメで見た水とんの術を思い出し、アイスコーヒーのストローで遊んでしまっていたが、服部さんと目が合って慌てて姿勢を正した。

「い、いや、でも、忍者屋敷を本屋にしてしまって、大変なこととかないんですか？」

「とにかく気をつけているのは、お客さんを閉じ込めたまま帰ってしまわないようにということです。先ほどの屋根裏部屋ですが、実は、あの押入れをいったん閉めてしまうと部屋の内側からは開かない仕組みになっているんです。まあ、閉じ込められてしまってもいいように、部屋の真ん中に籠を用意して、ミネラルウォーターとカロリーメイトと簡易トイレを入れてあります。『閉店時には迎えに来ますのでゆっくりお過ごしください』って書いた小さな巻物と一緒に。まあ、簡易トイレまで使う方はめったにいないですけどね（笑）。それで、閉店時間には全部の隠し部屋を点検してまわってから帰ります。毎日のことなんでけっこう面倒ですが、万一のことがあったら嫌ですからね」

ひととおり話が聞けたので、では、ありがとうございました、と言いかけると、服部さんは僕の顔を覗き込み、少し迷っているような表情をしながら再び口を開いた。

「これは非公開で……信頼できるお客さんだけにご案内しているサービスなのですが……」

と言いながら服部さんは立ち上がり、また本屋のほうへ僕を促す。カフェの土間部分と書店になっている和室のあいだに廊下のようなスペースがあるが、服部さんはその床板のある箇所を持ち上げる。そこには地下へ降りる階段が隠されていた。

階下へと降り、裸電球の灯りに浮かび上がる服部さんの背中を頼りに、曲がりくねった不気味な廊下を歩き進める。突き当たりの引き戸を開け、服部さんが部屋のスイッチを点けると、そこには本もなければ窓も何もない、土壁の三畳ほどの部屋があった。こちらは内側から鍵がかけられるようになっている。

「外界から遮断された静かな場所で、集中して本を読みたい、というお客さんのためにこのスペースを貸し出しています。家で読めばいい、と思われるかもしれませんが、家族がいて集中できないとか、ついテレビを見たりスマホを触ったりしてしまうとか、いろいろありますよね。ここの地下には電波も届かないので、本と向き合う以外することがないんです。こんな部屋があと二つあって、最大三名まで同時に利用できます。一応、当店で買った本を読む場合にのみ利用可、ということにしているんですが」

服部さんの小さな声が、狭いこの地下では妙に響き渡る。

「実際、お客さんからはとても好評です。ただ、予想していなかったニーズもあって、学校が嫌でサボりたい男子高校生とか、親とうまくいってない子とかが来るようになったんです。こんな地方ですから、駅前のファーストフードなんかでは知り合いに見つかる可能性があって、落ち着いて隠れられる場所がないんですよね。彼らがまた別の〝仲間〟にここを紹介したりして——」

「えっと……忍びの者たちの場、ってことですか」

「たしかに（笑）。彼らと話して、あ、この本ハマりそうだ、と思いつけばお薦めすることともあります。まあ、まったく興味を持ってくれないときもありますが。百発中一冊でも当たったらうれしいですよね、本屋として」

部屋の灯りを消し、僕らは来た道を戻った。服部さんの背中から独り言のようなつぶやきが響いてくる。

「『正忍記』という江戸時代の有名な忍術伝書があって、その中に『仲間の証拠たる松明法《たいまつほう》を示されたら、初対面でもその忍者を疑ってはならない』というような記述があります。実際の忍者は漫画の中みたいに必殺技を繰り出すスーパーヒーローではなかったんです。使われる身にあって立場が弱かったし、生活も地味で、基本的に個人行動だったから忍者仲間を大切にしていたんですね。まあ僕も、現代に生きるイケてない者同士として、図らずも忍んでいるパッとしない中高生にシンパシーを感じてしまうんです。別にともに戦ったり助け合ったりはしないけど、本の情報くらいは教えてあげられるし、お互いクールに、せこせこと『戦わずして勝つ！』みたいな感じで生き延びれたらいいですよね。忍者みたいに。いや、そんなに恰好いいもんでもないか。はは」

暗がりを抜けてカフェの外に出ると、もう日が傾きかけていた。門の前で再び礼を交わして、手を振って別れる。北の空に、マキビシのような一番星が輝いていた。

「忍者屋敷カフェ 伊藤書店」の売れている本ベスト3

①『伊賀忍法帖　山田風太郎ベストコレクション』山田風太郎著、角川文庫
②『おしいれのぼうけん』古田足日・田畑精一作、童心社
③『せまいぞドキドキ』ヨシタケシンスケ著、講談社

夢の取次

ギタイ化する本

「本の新しい形態を開発することで流通改革を促進する」という構想のもと、二大取次合同で結成された「形態開発チーム」。今回はチームリーダーである間智《あいだとも》氏(36)にチームのこれまでの活動と、出版流通に大きなインパクトをもたらす新たなプロジェクトについて聞いた。

間　「ABC」ってご存じですか? 今はもうあまり見かけなくなりましたが、六角形の雑誌・書籍が一時期、郊外のコンビニを中心に展開されていました。それがチームの最初のプロジェクトでした。コンビニの物流コストは頭痛の種でしたから。ABCは、六角形の本を敷き詰めた蜂の巣状のコンテナを地下のチューブで高速輸送する、巨大な気送管ですね。「Air Beez Container」でABC。現場では「空気蜂」って呼んでいました。リリース時は盛り上がったんですよ。ショッピングモールなんかに六角形のポップアップ・ショップを作って、六角形のブースを並べていくわけです。ハニカム構造のバベルの図書館みたいな。流通を変えれば本の形も、書店の形も変わるというのはちょっとした発見でしたね。

――読者の反応はどうでしたか？

間　読めるんですよ。見た目が見た目なので反響はありましたが、読んでみればただの本なんです。反対に、ただの本を離れるようなプロジェクトもありました。本をさまざまな場所で販売するために本の形を変えるという。ちょっと倒錯してますよね。本を別のものに擬態させるんです。たとえばあなたが洋服屋で何気なく手に取ったTシャツが本だったりする。実は書店からの要請もあったんですよ。ほとんどの書店が在庫を少なく抑えようとしていたので、大型書店でも平積みがぺたぺたでした。店の空間を埋めるため、本はより立体的になる必要があったんです。そこが大きな分岐点でした。本をより立体的にするか、それともより平面的にするか。フラットデザイン化する本の形はディスプレイ上の電子書籍との親和性が高く、推す声も多かった。でも選んだのは、立体でした。

――なぜ立体、だったのですか？

間　本を薄くしていくと電子書籍に近づきます。それはすでにあるものです。一方、スニーカーやバックパック、ハンバーガーやコーラのような厚みを持つ本はまだなかった。それが「本の立体化」プロジェクトを始めた理由です。「擬態化」は本が別のプロダクトを装うこと。「立体化」は本が本として立体になるのです。

――そこではどんな形態の本が生まれたんですか？

間　まずは3Dプリントによる装幀を試しました。幾何学的、抽象的な形が多かったですね。カバーを格子状のパターンで分厚くしたものから、ピラミッド、球体、ツノゼミの突起のようなものまで。ベリーハードカバー。書皮が硬化して外骨格化していくイメージです。本のサイボーグですね。「本の立体化」が行き着いたのは「本の義体化」だったのです。「読みにくいのでは？」本を読む人はそう言いますね。考えてみてください。本を読む人のための本は変わらなくてもいい。だってそうでしょう？　羊皮紙を綴じ合わせた冊子体が生まれた頃から本の形態はさほど変わっていないのです。しかし、本を読まない人のための本は変わる必要がある。本を読まない人が本を買わなくなっているんですから。

――最後に、今後の展開について教えてください。

間　新しいプロジェクトはチームが取り組んできたことの集大成です。「擬態化」と「義体化」、そして取次の「本を動かす」という機能の統合です。私たちは完全に自律運動する本を作ります。流通から陳列まで、人が本に触れることはなくなるでしょう。本が動くのです。本自体、いいえ、本自身の意思によって、本は自らを流通させ、陳列します。

――その本はどんな形をしていますか？

間 人ですよ。人の形をしています。ほら、よく言うでしょう。本屋は人である、って。でももし本が人だったとしたら？　本屋は人である必要はない。それに本が自分で動くのなら書店員も取次もいらない。私たちは自分で好きな場所へ行き、適切な文脈の中に自分を位置づける。私たちのいる場所が本屋となり、そこで私たちは自分の意思で読者に届くのです。

――私たち？

間 そうです。私がその本です。お読みになりますか？　きっと気に入っていただけると思いますよ。なんてね。冗談です。街中ですれ違った本と意気投合して語り合う。そんなふうに本と出会う世界がすぐにやって来ますよ。そのときに「私たち」はこう言うでしょう。本は人である。

アイランドブックスィア

東京都諸島

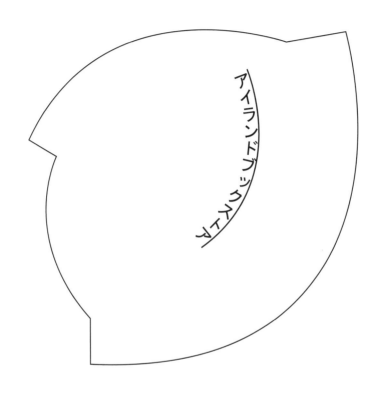

聞いてくれよ。今からするのは、僕の身に起きた本当の話。

会社から帰ってきて、すぐに冷えたビールを一杯やって、一度テレビを点けたけど、それよりも会議の資料を読み込まないと、と思って鞄をあさった。いつ読み始めたか忘れるほど前に手をつけた本が一冊出てきた。読み直したいけど、また途中で読めなくなってしまうのは目に見えていた。本を机の上に置き、会議資料を取り出してビール片手にソファーに座った。一息というところで、携帯電話が鳴った。上司からだ。ひどい話。山田っていう後輩がいるんだけど、そいつの仕事が納期に遅れてるらしい。それについて、どうなっているんだ、って。よくある話だよ。そんなの知ったこっちゃない。山田はさ、たしかにデキは良くないけどさ、電話の上司だって仕事でポカすることが多いんだ。これ以上は愚痴だからやめるけど。で、電話ですっかり目が冴えて、やっぱり本を読もうとした。でも、仕事のこともあるし、山田のことがうまく進まないと結局は僕にもまわってくるんだから、と思うと集中できない。しょうがなくパソコンを開いてさ、必要そうな資料とかひととおり集めてやろうと、いろんなデータをネットで探してたんだ。いつの間にか、たぶん疲れていたんだと思うんだけど、リゾート地っぽい海の写真がバーンって出てきた。いつもならこういう押し付けがましいネット広告には敏感だから、無視するよ。でも、疲れてたのかな、酔いがまわっていたのか……。この辺から記憶が怪しいんだけど。キャンペーンみたいなのがあって、アンケートに答えるだけで「当たる」って書いてあったかな。何も考えないで。どうにでもなれって、騙《だま》される覚悟。そのアンケートの中にさ、たしかにあったのよ、「無人島に持っていくとしたらどの本?」って。なんで本限定なんだよ、って今なら思うけど、別に何も考えてなくて、無人島=孤独ってノリで『百年の孤独』って入力したの。その後は覚えてない。で、問題なのは次の日の夜。会社帰りに、急に目の前が真っ暗になってさ。ほんとに。後ろから袋かなんかかぶせられたみたい。ドラマみたいだろ。気がついたら砂浜の上。そう、無人島ね。意味不明ってこのこと。

大きさはさ、小学校の二百メートルトラックくらいで、もう絵に描いたような無人島。島の中心にはヤシの木っぽい植物があって、そこから全体が見渡せる。ロビンソン・クルーソー的な散策の必要なし。一応歩いてみたけど。砂がとにかく白くて、サラサラ。今まで行ったことのある砂浜の中では一番だったかな。ほとんど海とか行かないけどね。雑誌、テレビとかで特集される「死ぬ前に一度」って、そんな感じ。何をすればいいかわからないから、とりあえず島の中心のヤシの木の下で、腰掛けてぼーっと横になろうとしたら、お腹が鳴った。ヤシの実っぽいのが落ちてて、適当なサイズの石もあったからそれで割ってみて、中に入ってる半透明の液体と白い果肉を食べた。素朴って言葉がすぐ浮かんだかな。食べ終わった実をぽいって投げた先に、一冊の本があった。そう、『百年の孤独』がね。あーまじかーって大きな声の独り言を言ったね。無人島ね、独り言増えるよ。それはいいとして、やることないし本でも読むかって、手に取った。実は、何度も何度もページを開いては断念してたんだけど、この本。集中しないと読めないタイプの本あるでしょ。日々の生活のこととか、読んでるときに浮かぶと、現実に引き戻されるっていうか。仕事しないと、って思ったら負け。読みたい！って何度も挑んでみたんだけど。大学のときさ、みんな読んでたんだよ。なんとなく話合わせてたけど、結局読めなかった。これはチャンスだ、って思って読み始めてみたわけ。でもやっぱりいろいろ雑念が入ってくる。集中できない。マコンド？　どこ？　人の名前のせいもあるのかな？　ホセ・アルカディオ・セグンドとかレナータ・レメディオスとか。あと冒頭から悠長なんだよ。普段は読みやすくするためのヒントとかネットで探すと、そのうちにさ、リンクでどんどん飛んでいって、野球とか芸能ニュースとか。そうそう！時間がないなんて嘘だよね。でも常になにか考えているのもつらいし。馬鹿になりたいときってあるでしょ。作家の噂とか調べて……。気がつくと、最初の一行目すら忘れてる。これの繰り返し。でも、ここは無人島。ネットなんてない。だから本と向き合うしかないわけ。雑音がないから頭の中に自分の声だけが響く。そのぶん雑念を追い出さないとだめだけど。いつの間にか登場人物の声を分けて演じている自分がいた。いつもなら早く読むために、なるべく無感情に読み上げていく感じなんだけど、時間もいっぱいありそうだしって開き直って、ゆっくり読んでた。そうすると発見があるね。フォントとかにも目がいく。紙の質感とか。カバーも剥がしてみるとずいぶん違う印象だよね。本を分解するみたいで面白かった。海が近いからか湿ってくるんだけど。水を吸ってもこんな感じかって。あと、本と目の距離ね。没入感が変わる。近すぎてもいけないし、遠すぎてもいけない。八センチくらいかな、僕の場合。どうなんだろう。何度も何度も、本を近づけたり離してみたりしたよ。そんなことをしながらも、ちゃんと内容も読み進めてた。時間がいっぱいあるからね。だってサイコーに浜風が気持ちいい。波の音？　アルファ波？　ページが捲《めく》れる音で、目を覚ましたことある？　ふと気持ちよくて寝ちゃったら、風がページをパラパラって捲ってるわけ。サイコーだよ。で、目を覚ましたら読書。夜はね、月明かりだけではさすがに読めなかった。だから寝るしかない。でも、余計なことがないから、目を瞑《つむ》ると物語の場面が出てくる。やることないし、その日にやったことは読書だけだからさ。本の続きどうなるんだろーって考えているうちに寝てた。

太陽の光がつま先から順番に頭のほうへ照らしていくと、だんだん暖かくなってきて自然と目が覚める。すごい。すっかり無人島が気に入った。顔洗いに海に行って、超しょっぱいってまた独り言。少し歩いてさ、読書。集中力が違うからかな、夕方には読み終わった。余韻に浸りまくりで、気がつくともう一度最初から読み直したくなっててさ。二度同じ本を読むなんて何年ぶりかな。新しい発見がいっぱい

あるね。映画だとよくあるでしょ、見逃したところがあるじゃん。物理的に。背景のセットとか。文章はさ、とりあえずは全部目を通しているわけだから、見逃したみたいなことはないと思っていたけど、だいぶあったね。記憶違いみたいな、こんな文章あったとか。いい加減なだけかもしれないけど。

ちょっと困ったのが、気になるところに線を引けないこと。付箋もないし。どうしたと思う？　血だよ。とんだサバイバル。指のささくれをひっぱってさ、超痛い。我慢して血出して、本にマーキング。さすがに飽きて、どうしようかなって思った。食事するといってもヤシの実だからね。それも飽きたよ。ぼーっと浜辺を見てたら、少し窪んでる部分を見つけた。近寄ったら砂の色が違う。足で触ると少し硬い。手で掘ってみたら、箱みたいなものにぶつかった。本だった。『ライ麦畑でつかまえて』が出てきた。これも読もうって何度も挑戦してる本だ。名著ってなかなか読めないよね。その本を手にとって、代わりといえば変だけど『百年の孤独』は掘った穴に入れて埋めた。ヤシの木に寄りかかって、新しく見つけた本を読もうと思ってページを開いたときに、ポンポンポンポンポンポンって音が聞こえてきた。目を凝らしてみると、遠くのほうから小さな舟が来る。甲板で手を振ってる人たちがいて、近づいてみて気がついたんだけど、同じ顔の双子っぽいおじいさんだった。本を濡れないように口でくわえて、平泳ぎで。昔から得意なんだ。船に乗り込むと封筒を渡された。そこでまた記憶が途切れた。

気がつくと城南島の埠頭のベンチ。あたりは真っ暗で。街灯はあるけど島より暗い気がした。夢でも見てたような気持ちだったよ。嘘だと思ってる？　でも、この封筒に請求書と同意書が入ってたんだ。同意書のこの項目見てくれよ。「目的遂行のためのあらゆる手段に合意する」ってヤバくない？　それに『ライ麦畑』もちゃんとここにあるんだよ、ほら。証拠にはならないけど。請求書に書いてある「アイランドブックストア」なんて本屋はネットで調べても出てこない。詐欺かな。あとね、キャンペーンって、この本が無料ってことみたい、ケチくさいね。『百年の孤独』も持ってくれればよかった。それにしてもさ、こんな金額払えないよ。

「アイランドブックストア」のリクエストベスト3

①『失われた時を求めて』（全13巻）マルセル・プルースト著、鈴木道彦訳、集英社文庫ヘリテージシリーズ

②『デイヴィッド・コパフィールド』（全5巻）チャールズ・ディケンズ著、石塚裕子訳、岩波文庫

③『細雪』谷崎潤一郎著、中公文庫

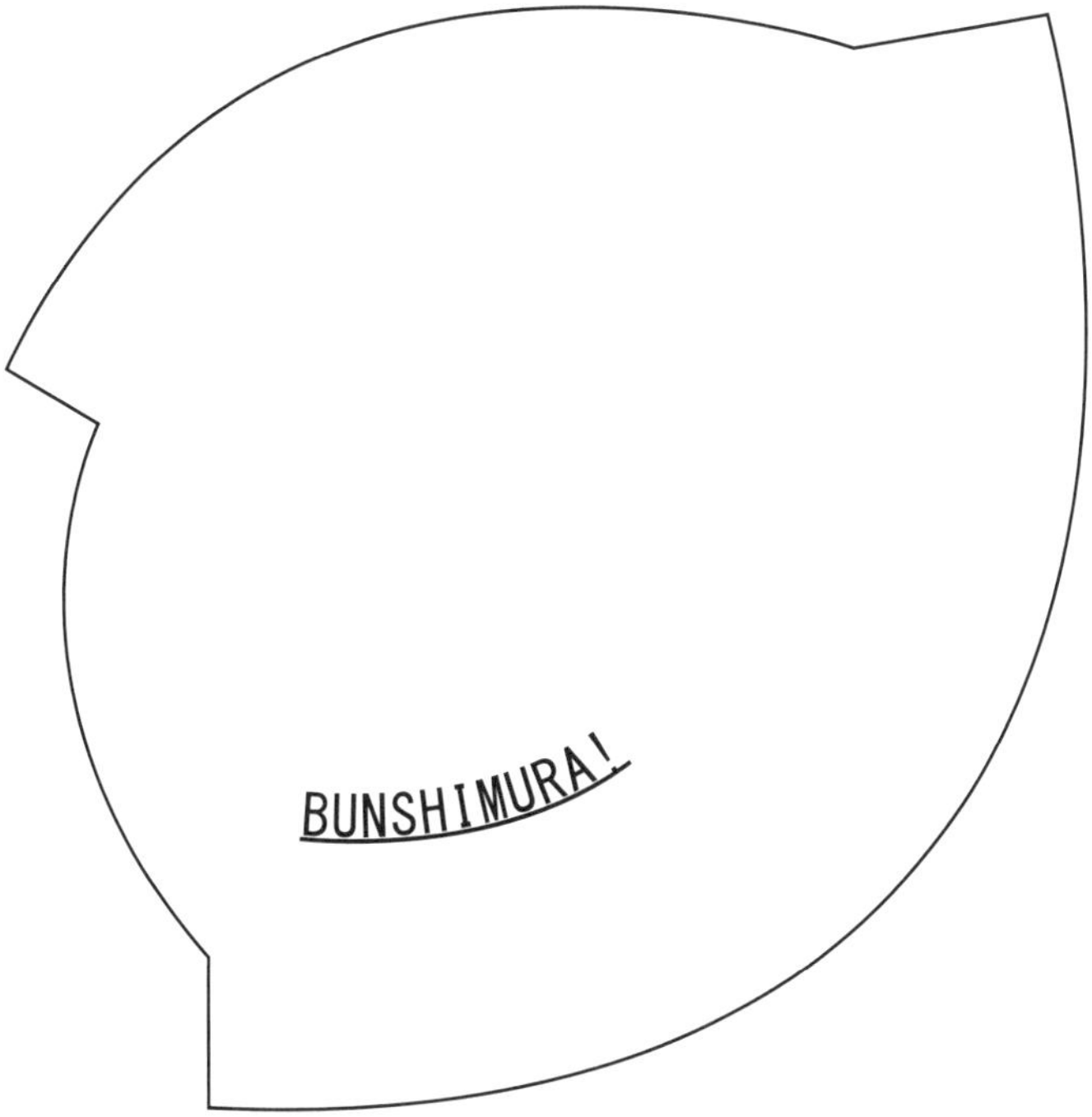

兵庫県西宮市

江戸時代より名塩《なじお》和紙の産地として知られる西宮名塩に、本屋「BUNSHIMURA!」（以下「文士村!」）が出来つつあるという。気になって調べてみたところ、明治～昭和にかけてのいわゆる「文士」たちが住んでいた家屋やホテルが再現されるかたちで、西宮名塩駅周辺に造られつつあるらしい。「村」だけに広範囲にわたるため完成しているのはまだ一部で、最終的には駅前から「北原白秋コース（白秋邸や室生犀星邸をめぐるコース）」や「夏目漱石コース（漱石邸や内田百閒邸をめぐるコース）」などの文士村周遊バスも出る予定。現在二十数軒がオープンしており、行くにはバスか車が便利。名塩に住む人が年々増えるなか、和紙づくり復活も念頭に入れての、不動産業界と市の協力のもとに考えられた町づくりプロジェクトであるらしい。

・・・ていうか！　すでにオープンしている中に、店主の大好きな井伏鱒二さんのお邸《やしき》があるではないですかっ！　さらに尾崎一雄邸も近日オープンとは、これはもう行くしかありません！

というわけで九月某日、やって来ました「文士村！」。午後一番のバスに乗り「文士村！停留所」で降りて、入村の前に、いま一度パンフレットでおさらいですっ☆

「文士村！」とは、外観も内装も文豪たちが住んでいた当時の姿で再現された家々の点在するエリア全体が本屋になっていて、現在完成しているのは全体の五分の一程度。どの家も、買いたい方は庭もひっくるめて土地まで買えるそうですが（移築も可）、別売りもしておりまして、たとえば家の中に置いてある本はもちろん、本棚も買えれば、文机に桐簞笥に着物だったり、床の間の掛け軸や書画骨董。その他、万年筆に特製の原稿用紙に墨に筆・・・だの何だの、とにかく家の中にあるものすべて、作家の愛用品と同じ物が入手可能な本屋なのです！　さらに居間や応接室では作家の好物を再現した食事や酒も楽しめます（入場はどの家も無料）。それが「文士村！」です、いざゆかんっ☆

まずは停留所近くの「芥川龍之介邸」(田端にあった家)へ。店主、アクタガワ好きやねん！　何が好きって顔が好き～☆と、ミーハー魂全開ですが、芥川といえばアレですよ！　多読速読、和・漢・洋書と、各言語に通じた読書家さん。であるから本棚見てみたし。

というわけで靴を脱いで、二階の書斎へレッツゴーッ！　階段がギシギシいう感じもたまりませんなぁとドキドキしつつ、襖《ふすま》をサラリと開けますと、おぉうっ、圧巻！　圧巻ですっ!!　本棚だけではなく床一面書斎のそこかしこに、結構な量の本が積んであります。えー、これ全部買えるんや～、と思うとニヤニヤ笑いが止まりません。

とにもかくにも一歩中へと、入れば早速、見つけてシマッタ・・・阿蘭陀《おらんだ》書房刊の『羅生門』！　ここ「文士村！」の売りのひとつは、各作家の初版本も多く手に入ることでありますが、いざ現物を手にすると震えてきます、これ『羅生門』の初版本！　欲しい気持ちはやまやまですが、今日のお買い物が予算的に終わってしまうので、スススッと棚に戻します。戻しつつ、横目で背表紙辿っていけば、真横にあるのは「鼻」が載った『新思潮』の創刊号ではないですかーっ！　しかも何か挟まっていると思ったら、「鼻」を読んで激励を送ったという、夏目漱石の手紙です。これも、これも買えるのかーいっ！とショックを受けつつ、あっ、この手紙は直筆ではなく印刷なのですね、しかも二百円なら買いますーっ！ と、手紙は抜き取り本を戻して、さらにそのまま見ていくと、「鼻」・「羅生門」・「芋粥」なんかの題材をとったという『今昔物語』に『宇治拾遺物語』（「地獄変」はここから）も並んでいます。ブラウニングの長詩『指輪と本』があるかと思えば、その横に改造社刊の芥川中期の作品集『沙羅の花』もあります。『沙羅の花』所収の「藪の中」はこの詩の影響があると、芥川が木村毅宛の手紙で書いておりました。（そしてこの手紙の複製版もやっぱり挟まってるーっ！ これも二百円とは即ゲットです☆）

・・・ていうか、もしやと思い、その横ちらっと見ましたら、やっぱりあります『れげんだ・おうれあ』！ 同じく『沙羅の花』所収の「奉教人の死」といえば、その語り口を『伊曾保《いそほ》物語』（『イソップ物語』のこと。限定五百部の京都大学文学部編『伊曾保物語』は日本語に訳された最初の西洋文学でもあります）や、アナトール・フランスの『シルヴェストル・ボナールの罪』に拠ったことでも有名ですが、それらの隣に幻本『れげんだ・おうれあ』がちゃんとある・・・ぎゃーっ！ 自注でこの本に

取材したとあるものの、実在しないと言われていた『れげんだ・おうれあ（上・下）』。ですが、やっぱりほんとはあったのか、と思って手にしてみると、あれれ、これとても綺麗。ていうか、新刊ですか⁉　あっ、なんと発行元は「BUNSHIMURA」。ということはあれかー。実在しない本を作っちゃった系かー！　ああ、やられた、これも買います。

と、そそくさと手紙と本を胸に抱え、ちらりとケータイの画面を見ると、もはや二時間近く経っている！　慌てて書斎の中をざかっと見ると、芥川が好きだった、メリメやアナトール・フランスやビアスやポーの本も色々揃っているよ。別の棚には仲良しだった室生犀星の『愛の詩集』に、よく読んでいたという芭蕉の本がたくさん並び、文机の上には松屋製の原稿用紙。芥川といえば推敲しすぎなくらい、文章を吟味したことでも有名です。店主は推敲しなさすぎなので、この原稿用紙は買っておこう。引き出し開ければ、菊池寛や鈴木三重吉からの書簡が入っているのでこれまた欲しくなるわけですが、ここより更に時間を食うであろう井伏鱒二邸に、そろそろ行ってみたいと思います！

芥川邸を後にテクテク歩けば、鱒二邸までのあいだに「滝田樗陰《ちょいん》の家」があるではないですかっ！　この人に認められれば文壇では一流、ということで、室生犀星が「幼年時代」の原稿を玄関に放り込んで（樗陰がコワイので直接渡せなかった）認められたり、谷崎潤一郎や佐藤春夫の出世のきっかけともなったりした、あの滝田樗陰の家なのです。横の立て札を読みますと、ここはどうやら常に鍵がかかっていて、中には入れない模様。しかしながら今の世には珍しく、「原稿用紙に書かれた直筆原稿」に限り、玄関口から放り込めるようになっていて、それを数名の編集者さんが読み、かつこれはという作品は出版社「BUNSHIMURA」から刊行することもあるようです。

ほー、と思いつつ歩いていくと、少し先にようやく「井伏鱒二邸」が見えて参りました～っ！　鱒二邸と言えば、広瀬三郎設計のとても素敵な造りで、店主は昔荻窪まで見に行ったことがありますが、同じ特徴ある格子の門構えが見えてきました～っ！　というわけで玄関から失礼するわけですが、この玄関ってあれですよね！尾崎一雄の短篇「玄関風呂」に出てきた玄関だ!!

何がしか物語の舞台になった場所に行けるというのはとても魅力的なものですが、

それが随筆も（私）小説も書いていた作家さんの「家」ともなれば胸の高鳴りが止まりません！　どういう日々をどういった場所で過ごして、ああいう文章を書かれたのだろう、とファン的には興味深く、早速突入したいと思います。

鱒二さんといえば、小説も書けば詩も書いて、釣りも好きなら将棋も指し、元々は画家を目指しておられたくらいに書画骨董好きの方でもあります☆　なので、書斎の横の応接間をちらり・・・ご自分で描かれた絵が飾ってあるー！　これもやっぱり買えるのね。壁際の棚には蒐集されていた安南の茶碗などと共に、鱒二作の焼物もあります。店主、お酒が飲めたらこのぐい呑み買いますけどなぁ。うむ、としばし悩みつつ、いやいや、でも今日は何しに来たって本を買いに来たので、釣り道具や将棋道具など、鱒二ファン的にはとりあえず触りたいよね！的なブツや、外出のときには欠かさなかったというハンチング帽もなんなら欲しいけども、まずは本棚に直行なのですっ!!

・・・いやーっ!!!　鱒二さんの著作、初版そのままのパリッとしたお姿で、新潮社刊の「新興芸術派叢書」の『夜ふけと梅の花』もあれば、江川書房刊の『川』も、文藝春秋刊の『花の町』もあれば、『厄除け詩集』なんて、牧羊社・木馬社・講談社刊のみならず、長崎出版刊のものまで全部、揃ってるーっ！　他にも名塩和紙を使った文士村オリジナルの『厄除け詩集』なんかもあるではないですかっ！　全集も春陽堂書店版に自選や創元社版もあれば、月報もちゃんと付いている。短篇「鯉」が載った『桂月』も、改稿されて「山椒魚」になった「幽閉」が載った『世紀』も、初めて小説で原稿料を得たという「歪《いびつ》なる図案」が載った『不同調』も、所属していた同人誌『作品』もあれば、文壇的に初めて正統な評価を受けたといってても過言ではない、小林秀雄による「丹下氏邸」評が載った『改造』だとかも、さらにさらに鱒二さんに関する記事が載ってる雑誌も全部、本棚に並んでいるではないですかーっ・・・!!!

そして一時期勤めてらっしゃったという版元「聚芳閣」時代に、うっかり奥付を入れ忘れて出版してしまった（！）というゴロヴニンの『日本幽囚記』も置いてあるっ！　来てよかったー!!

お財布と相談しつつ、とりあえず江川書房の『川』と、文士村オリジナルの『厄除け詩集』はしっかり胸に抱きしめる！　うわー、全部欲しくなってきちゃったよーっ！

でもでも！　ここはまず気持ちを落ち着けて、書斎をもう少し探検です。

おぉ、こちらには『井伏鱒二随聞』の中で話されていた本たちが並んでいるではないですかーっ!!　たとえば「あれが文学を僕に勧めたようなものです。あれはいいね。構成もいいし」と自身語られたことのある、徳田秋声訳のプーシキン『大尉の娘』や、『山椒魚』を書くきっかけになったチェーホフの『賭』。また、森鷗外や志賀直哉など、鱒二さん瞠目の小説もあれば、子どもの頃に愛読していた雑誌『少年世界』に『少年』も揃っています。素敵！

変わりどころでは、マルクス難しいな、と思われていたときに、小林秀雄が読んでいると言うので「じゃ、おもしろいところにアンダーライン引いて、それを僕に貸してくれ」と言ったら「ばかやろう」と怒られたという、秀雄さんのアンダーライン付きマルクスの『資本論』や、柳田國男が「まず写真からご覧ください」と扉に書いて突然送ってよこしたという隠れキリシタンに纏《まつ》わる本なんかも置いてあります。たまらないーっ！

他にも、鱒二さんが目をかけてもらっていた田中貢太郎や、早稲田大学時代に講義を受けていた吉田絃二郎や坪内逍遥の本に、尊敬していた辰野隆や正宗白鳥の本、そして弟子の太宰治、かかわりの深かった河盛好蔵、小沼丹、永井龍男・・・などの著書もあれば、ルイ・フィリップの作品など、鱒二さんの愛読書もズラリ！　また、こまごま鱒二さんのことが書かれている小説や随筆なども、評伝や作家論的な本に加えて置いてあり、井伏鱒二の思考回路を辿れるようになっていて、それが全部入手可能とはーっ!!

ああっ！　もう店主、ここに住む！　と誓いつつも先立つものがないので、とりあえず今しっかり持っている二冊に加え、「幽閉」が載った『世紀』とプーシキンの『大尉の娘』と、鱒二さんご愛用の万年筆を買うことにする！　へへへ。

興奮しすぎたので、応接間で茶の一杯でも頼みたいところですが（お酒が飲める方なら、鱒二邸の場合、甲府近辺の名酒が売りのようで、食器類も気に入ればそのまま購入可能です）、時間の都合上、「尾崎一雄邸」は諦めるとしても、「上林暁邸」には行きたいぞ！　なぜなら九月に「文士村！」に来た目的のひとつは、上林邸の庭に咲いている月見草を買うためなのですものーっ！

こころ癒してくれていたのに、雑草と勘違いした庭師に無残に掘り取られてしまった月見草。再び我が庭に取り戻すべく、土手に摘みに行く主人公。月見草の花のひとつひとつは小さくてはかなくても、土手一面にまるで光が灯るかのように、その花々が明るい白や黄色で咲いている景色を想像してみたりして・・・。上林暁の「花の精」を読んだとき、月見草がまるでほのかな希望のように感じられ、別に珍しい花というわけでもないのですが、以来ずっと気になっていたのです。

そして九月はまだ月見草のシーズン。とくれば、これは絶対我が家に買って帰りたーいっ!! そんなこんなで、上林邸へ。本当は邸内もじっくり拝見したいところですが、なんともはや閉村時間の十八時間近ではないですかっ！（十一月〜二月は十七時閉村）そんなこんなでぐっとこらえて室内には足を踏み入れず、約三坪の庭を満喫し、月見草の株、無事ゲット！

とっても満足したとは言いつつ、まだまだ全然見足りないうえ、年内には谷崎潤一郎や竹久夢二、尾崎士郎に宇野千代に坂口安吾など、錚々《そうそう》たる面子が逗留したという「本郷菊富士ホテル」も完成するようなので、また絶対来たいと思いますっ！

ああ、それにしてもまるっと欲しいな、鱒二邸・・・。ほんでそのままここで住みながら本屋続けたらええやんねぇ?とか思いつつ。そんな夢ふくらむ「文士村！」、よろしければどなたさまも是非、行ってみてくださいませ〜っ☆★☆

「BUNSHIMURA!」の売れている本ベスト3

①『文士の時代』林忠彦著、中公文庫

②『漱石日記』夏目漱石著、岩波文庫

③『厄除け詩集』井伏鱒二著、BUNSHIMURA

書肆ボタニカ

千葉県習志野市

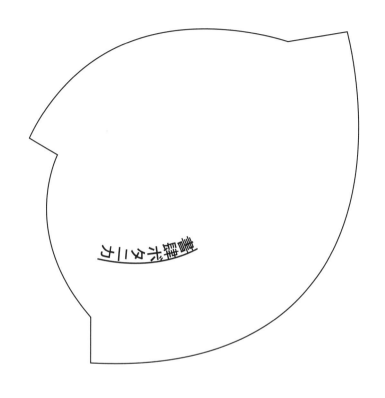

アタシに店の紹介文を書け、と店長が言う。そんなこと言われても、とか思う。もっとも、とりたててどこかのチェーンストアでもなく、カリスマ店員を擁するでもないこの職場を全国区の書籍で紹介できる、などというこの僥倖《ぎょうこう》。にもかかわらずその不遜な態度は何?と問われれば、いささか自分の態度が不遜ではあるな、との自覚はある。けれど、「こーいうの、君のほうが向いてると思うんだよね、ほら、POPとか書くの僕より得意だし」などという、脆弱な根拠をもとに放り投げられたパスだけに、釈然としない感が拭えないまま書き進めることをまずはお許しいただきたい。

さて、アタシの職場「書肆《しょし》ボタニカ」は千葉県の習志野市にある個人経営の書店だ。成田空港に向かって走るローカル線の、普通列車しか停車しない小さな駅を降り、駅前の商店街を抜け、さらに脇道を右手に折れた喧騒とも人の往来とも残念なくらい無縁な場所にある。右隣はパン屋、左隣は営業してるのかどうか怪しい布団屋という脈絡のない配置ではあるが、これぱっかりはどうにもならない。で、当のボタニカを正面から眺めると、店の目の前にどーんとそびえてしまっている桜の木を境に、右半分は二階建て、左半分は三階建てというなんとも奇妙な造りに気がつく。さらに店の前の駐輪場をぐるりと周り、店の裏手に入ると、後ろ半分は前半分と屋根の色も形もあきらかに違う。

これは別に奇をてらった建築にしようとか、何かしらの気負いの賜物などではなく、かつて隣接していた喫茶店が閉店した際、先々代のオーナーがそこを引き取り、壁をぶち抜いて強引に接合した結果なのだそうな。しかも、その喫茶店自体が裏手にあった店舗をすでに数店接合済みだったのだから始末に負えない。おかげで店の中には中央を四つに分断するかのようにでかい梁《はり》が渡され、邪魔なことこのうえない。もちろん、微妙な段差や柱もそこかしこにある。

昨今、大きな地震が多く、どう短く見積もっても四十年くらいはありそうな築年数とあわせて考えると、洒落にならないほど安全性はお粗末なものだとは思うのだが、アタシにはどーしようもない。さらに言わせてもらえるのならば、店の中の什器だって同じものはひとつとして存在しない。これは、歴代のオーナーが中古品やら、もらいものやら、廃材やらで増改築と改装を繰り返した結果だ。そのため、本屋であるにもかかわらず、店の中には普通の本棚が極端に少ない。時計や眼鏡のショーケースと思しきものならまだましなほうで、アイスクリーム用の冷凍庫まであって、本棚代わりにこのガラクタたちは絶賛現役続行中だ。どのようにかと言えば、店のいちばん目立つ平台は元喫茶店のカウンターで、雑誌が所狭しと並べられ、アイス用のショーケースは文庫を置くための平台になっている。単行本の新刊台はおそらく眼鏡のショーケースとして使われていたものだ。スタッフのアタシが言うのもなんだが、たいへん使いづらく邪魔なことこのうえない。しかもこの雑然たる一階はわりとご年配の方向けのフロアだ。

ちなみに、二階には学習参考書とコミックが同居してレイアウトされており、一階とはまるで違う顔の書店となっている。お察しのとおり、こちらささやかながら、若者向けのフロアなのだ。だが、残念ながら何も変わったところがないわけではなく、見上げるとなにやらでかくて白い傘みたいなものが屋根からぶら下がっている。

おわかりだろうか……コレは小型プラネタリウムの上映用スクリーンなのだ。どうしてここにこんなものがあるのかって？　アタシが知るわけない。ことさらついでに畳み掛けるようで申し訳ないが、店の正面にある桜の木だって、春先にはたしかに何ものにもかえがたいと思う反面、夏なんかは毛虫の巣窟と化す。さらにこの桜の木のおかげで、本来車二台くらいは駐車できると思われるスペースが占拠され、自転車を数台停めるのが関の山となっている。

他方、三階建てのほうの入り口に付いている小さな開き戸（営業中は開けっ放し）から、木でできた小さなスロープを上って店の一階に入っていただくと、まず初めて来たほとんどのお客さんは驚いて立ち止まり、「いらっしゃいませー」の一言で我に返る。では、その立ち止まってしまう理由とは何か、と尋ねられれば、種々雑多な本棚（ガラクタ）をさらに上回る違和感、元来書店とは極めて相性の悪い存在である水槽が店の壁に張り付くように存在することに、だ。

まったく、スタッフのアタシも最初は店主の正気を疑った。五十坪ほどしかない書店の限りあるスペースの中で、いちばん人の目がいく高さの位置に、小さいもので横幅十五センチくらい、大きいもので六十センチくらいの四角い水槽が十個以上

ぎゅうぎゅうに並べられているのだ。しかも別段、ネオンテトラとかグッピーとかが色とりどりに泳いでいるわけではなく、いわゆるテラリウム、水草メインの水槽ばかり。中にいる魚はメダカみたいに地味なヤツしかいない。

なぜ店の壁一面水槽なのか？……紆余曲折あってここにアタシが就職した際に店長に尋ねたことがある。「大丈夫、万が一水が漏れても周りの本にはかからないようになってるよ」。いや、そんなことは聞いていない。「うーん、そうだなあ、この水槽も桜もアイスケースもここの存在理由のひとつなんだよね」。……いやいや、意味深なようだが、まったく理解しかねる。

なんでも事の始まりは、以前ここにあった喫茶店の敷地と建物を先々代が引き継ぎ、本屋に改装した際の条件が、この水槽とガラクタ一式をキープすること、そして本屋を続けること、だったらしい。なにゆえ水槽なのか、ガラクタなのか。そして本屋でなければならないのか。店長を問い詰めると驚愕の答えが返ってきた。

「ここ、昔は川だったらしいんだよね……今は地下に引き込んじゃったけど」

つまり、水槽はその、かなりささやかな名残というわけだ。

「君の言うガラクタってヤツだって、もともとはこの場所や、この街に建っていた店で使ってたものなんだよね」

そのため、先代から現店長が引き継いだ際の条件も、自然とそれまでと同様のものとなったそうな。ちなみに桜の木は喫茶店のさらに前のオーナーからの遺物で、何の店だったのかアタシにはわからない。どうも店ですらなく、この地域に自衛隊の駐屯地があることとかかわりがあるらしいが、店長が口を開かない（もっとも、ここにあるものすべての来歴を店長が把握してるかどうかもアヤシイ）。このように、ここで商売をする人間は、必ず先代から何かを引き継ぎ、後代へつなげていかねばならないのだそうだ。ガラクタのような什器ひとつとっても。

つまり、この店は小さな「地域の記憶」であって、ゆえに「存在すること」がもはや至上命題なのだ。

ではなぜ本屋なのか。何屋でもいいじゃないか。

「本屋ってさあ……何が置いてあっても理由がつけられるでしょ？　それに関する本があればいいんだから」

……そんな理由かよ！

ここまで読んでいただくと、この店の紹介を申し付けられたアタシがなにやら釈然としない態度をとった理由がおわかりになるだろう。紹介しようとすると「突飛なレイアウトの本屋」の説明を通り越して、「小さな街の記憶」をただただ開陳するだけになりかねないのだ。しかも、過去についてならアタシより絶対に店長のほうが詳しい。ならばなぜ、店長はアタシにこの紹介文をまかせたのか。それについて、実は思い当たるところがある。

この「書肆ボタニカ」は「小さな街の記憶」を接ぎ木のようにつないでは蓄積し、店の中は混沌さを増していく一方なのだが、そこでふと思った。このガラクタの寄せ集めみたいな「小さな街の記憶」はまだどこかにあるものなのかもしれないけれど、この街に住んでいる人たちにとっては、ここでしか会えない、かけがえのないものなのかもしれない。だとしたらアタシはアタシでここには足りないものがあると思った。それは「この街に住む人たちの記憶」だ。

だからアタシは古書の棚を作った。わざわざ古物商の許可申請をしてまで作り上げた。そして、なるべく顔見知りのお客さんから本を買い取って集めている。なぜならこれはこれで、ここに住んでる人たちがどんな本を読んできたのか、大事な「記憶」なんじゃないかとアタシは思っているからだ。今は小さな棚だから何もかも並べるわけにいかなくて、仕方なくテーマを決めて集めているけど、いずれは大きくしたいと考えている。ほら、隣の布団屋が空くかもしれないし。……でも、布団屋の什器ってどう使えばいいんだろう?

「書肆ボタニカ」の売れている本ベスト3

①「新・酔いどれ小籐次」シリーズ、佐伯泰英著、文春文庫

②『身近な人が亡くなった後の手続のすべて』児島明日美ほか著、自由国民社

③『おもひでぎょうじ』百瀬義行絵、柳原一成監修、晋遊舎

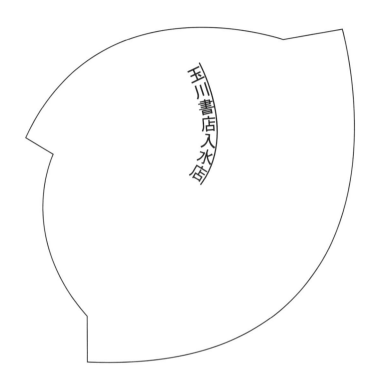

玉川書店入水店

東京都三鷹市

関東が梅雨入りしたその日、三鷹駅で電車を降りた私は、溜息をひとつ吐いて南口を出た。丸めた背中を駅舎に向けて傘を開くと、重い足取りを東へと向ける。ジブリ美術館行きのバス停脇を通り抜けしばらく行くと、徐々に喧騒が遠ざかっていった。

「風の散歩道」と名付けられた路沿いを歩きながら、私はまた今日も今日という日を忘れようと努める。入学して二カ月半も経とうというのに、津軽訛《なま》りが恥ずかしくてなかなか話すことができないでいた。郷里では口達者と言われた私が、大学では孤独を友として本と向き合う日々が続いている。

「人間三百六十五日、何の心配も無い日が、一日、いや半日あったら、それは仕合せな人間です」

故郷の文豪の言葉を思い浮かべながら、明日への希望を抱こうと思うが心は晴れない。この帰路を軽やかな風のように歩く日は来るのだろうか。

「どへばいべ（どうしたらいいだろう）」

思わず口をついて出たお国訛りをあわてて飲み込み、あたりを見渡す。すると少し先の道端に傘も差さずにしゃがみ込み、玉鹿石《ぎょっかせき》でできた石碑の前で手を合わせている禿げたおっさんの姿が目に入った。路上に停められたリヤカーの側面には、「玉川書店入水店」と大きく朱書きした半紙が貼られている。括りつけられたのぼりには「6月19日の本」と、これまた朱色で大書きされていた。その文字の迫力に思わず足を止めると、気配を感じたのかおっさんは瞑目をやめ、咎《とが》めるような目を私に向け、脅すようにこう口にした。

「浮かねぇ顔しやがって。お上に告げ口すんじゃねぇぞ」

「そ、そったごとしねぇ（そ、そんなことしません）」

「……その訛り。おめぇ、もしかして津軽の出じゃねぇか？」

「せば、なにや（そうだとすると、何ですか）」

「ははっ、わかんねえや」

6月19日の本

おっさんは破顔一笑すると、一方的に話し始めた。

＊

禅林寺近くにある五所川原書店の入り口をくぐると、雑誌売り場から言い争う声が聞こえてきた。来店するたび高い確率で遭遇する口論に、うんざりした気持ちで目を向けると、シメ子さんとか呼ばれている副店長の女が、ビジネス書担当の静子に、すごい勢いで詰め寄っている。以前、問い合わせをした際に不誠実な対応をされた記憶から、ネームプレートにあった「静子」という金釘文字を覚えていた。

眉尻が短く勝気な目元をしたシメ子は、感情の波が激しく、何でも他人のせいにする。いまも静子を正面から睨みつけながら、客に対して普段発している猫なで声など忘れたかのように、地声の淀んだ濁声をまっすぐに相手へとぶつける。

「おい、愚図。もう三月末だっていうのに、いつまで〝嫌いな上司よ、さようならフェア〟をやってんだよ！　残念でしたぁ、今年も私の異動はないからね!!」

口汚く罵られた静子はというと、伏せた目を相手の胸のあたりに据えながら、ぼってりした唇を突き出して、シメ子の発した一語一語の合間に反論を滑り込ませていた。

「私が愚図ならあんたはクズだ」「まだ三日ある」「あんたがいなくなるまでだ」「異動じゃなくて狙うは呪殺だ」

というように、投げつけられた言葉を打ち返すことにかけては、イチローの比ではない。

事あるごとに対立する彼女らは、どちらか一方が相手の業務上の小さな綻《ほころ》びを見つけようものなら、「待っていました」とばかりに針小棒大に周囲へ言いふらし、あげつらい、貶めようとする。もはや内なる憎しみの心を肥大させるに任せて、敵を殲滅《せんめつ》することしか頭にないのだろう。戦闘モードに突入すると、店内の客の存在も忘れて派手に嚙みつき合うのが常だった。

その姿を尻目に、いつものとおり文庫の棚の前で立ち読みをしていると、なかなか感じのよい富栄という店員が、彼女らの醜悪なやり取りを見ているのが目に入った。心の底から軽蔑しているのか、やれやれと首を横に振った彼女は、男と目が合うと持っていた文庫本を指さす。全体的に色調の暗い表紙に書かれた、その本の夕イトルは『人間失格』だった。

　客である自分に構うことなく続けられた罵り合いは、しばらくしても収まる気配を見せない。男はある決意を持って出口へと向かった。途中、富栄に歩み寄ると、自分の禿げ頭に手をやり、なでまわしながら「売る気がないなら、俺が売ってやらぁよ」と声をかけ店を出た。


　斜陽産業と言われる出版界の底辺にある書店では、まともな給与が払われなくなって久しい。優秀な人材は他業種へと流れ、若い世代は先のないこの業界をもとより選択肢には入れない。加速度的に進む人口減少と、それに伴う労働人口の激減によって、性別による職種の制限が与党から提案され、なし崩し的に憲法が改正へと至ったのはつい先日のことだ。

　まず、憂国の徒を自認する議員らが超党派を結成し、両院で三分の二以上の賛成をクリアしてしまった。さらには、議論が平行線を辿る九条よりも先に、練習として、二十二条の職業選択の自由を改正することをよしとする人たちと、国の経済を第一に考える経団連の「働き手の効率的な確保」という思惑が一致。国民投票によって、戦後初めて憲法を変えることを国民は決めたのだった。

改正に伴って整備された法律により、男性の第三次産業への就労の一切が禁止された。体力に勝る男性は、第一次、第二次産業に就労すべしという時代錯誤のお達しによって、書店の現場もいまや女性だけになっている。

ある文豪の有名な作品にも「子供より親が大事、と思いたい」とある。それは国民のために国があるのではなく、国のために国民は存在すべしと、一部のエリートたちが考え始めたという証左だった。

その危険な国家思想に煙幕を張るように「平和と自由を天秤にかけ、平和を選んだ日本人」といった、見当違いな解釈が美談のように流布されたが、どこか違和感が拭えないと男は思った。平和と自由とは本来、表裏一体、不可分のものである。近い将来、平和も芋づる式に手元から奪われてしまう予感があった。しかし、五所川原書店でそのことに考えがおよぶ者はなく、今日も国政レベルからすれば小さく不毛な戦いが繰り広げられている。

金木は激怒した。自分には政治がわからぬ。けれども邪悪に対しては、人一倍に敏感であった。恥の多い生涯を送ってきたが、先ほど五所川原書店で繰り広げられた罵り合いの末路が亡国だということは、本能的にわかっていた。国が悪い。文字が、文学が、思想が、想像がこの国の誤った道筋を救う唯一の手段であり、武器なのであると金木の禿げた頭に詰まる少ない脳みそは結論づけた。しかしいま、男性は書店に勤めることができない。しかし、納得できないことに従ういわれはない。それにしても、我が日参《にっさん》する書店には「先」を想像することのできない、どこかの文豪の愛人のような名前を持った女性店員がなんと多いことだろう。

そう金木は嘆き、国の間違いを正すには、「己が郭隗《かくかい》となりて始めるしかない」と決心すると、禿げた頭を叩きながら「俺が売る」と富栄に啖呵《たんか》を切って店を出たのだった。自分の敬愛するあの作家が日本を救うと信じて。

それから金木は三百六十五日、今日という日にゆかりのある作家の作品を、ゆかりの場所で売り始めた。政府に目をつけられないようにと、書店の名も毎日変えた。あるときは芦花公園で、「売れぬなら書店買うまで待とう店」と称して『不如帰《ほととぎす》』を売ったし、またあるときは岩手県一関市に現れ「朝田書店徹夜店」を開店し、熟睡法の本を売ったりもした。決意から二年が経ち、神出鬼没とささやかれる金木は今年、六月十九日に三鷹に現れ、浮かない顔をした津軽弁の青年と出会うこととなった。

＊

「ははっ、わかんねえや」

禿頭のおっさんは破顔一笑すると金木と名乗り、私の故郷で開催されるリヤカー市を模倣するようにリヤカー書店を始めた理由を、その信念とともに私に向かって吐き出したのだった。

「まあ、おめぇが何を話してるかはいまいちわかんねぇが、何を欲してるかはその目を見りゃわかるぜ」

そう言うとリヤカーに手を伸ばし、幌《ほろ》をめくって中をまさぐる。次の瞬間、左手に文庫本を持ちながら器用に、右手で時代錯誤のラジカセのスイッチを入れた。

事態に追いつけない私の耳に流れてきた曲は、大塚愛の「さくらんぼ」だった。

金木はポップな曲に合わせて体を揺らし、「わ〜たしさくらんぼ〜」と歌いながら、手にした文庫本を私へ差し出す。六月十九日に金木が選んだ一冊は――さくらももこの『もものかんづめ』。

郷里の文豪の命日に、まさかの「桜桃」違いである。

私は言われるままに本の代金を払い、かかわり合いを避けるようにその場をあとにする。しかしその夜、かのエッセイを読みながら私は、上京以来はじめて声を出して笑ったのだった。

「金木のリヤカー書店」（六月十九日は「玉川書店入水店」）の売れている本ベスト3

①『蛇蠍のごとく』向田邦子著、文春文庫
②『放浪記』林芙美子著、新潮文庫
③『誘拐』本田靖春著、ちくま文庫

夢の印刷

印刷物責任法

あれは二〇一六年十一月のことだった。書店でなんとなく『美しい印刷』という本を手に取り、いつもの癖で目次に目を通してから奥付をチェックすると、どことなく景色が違う。よく目を凝らすとそこには、一般的な本の奥付には記載してある印刷所や発行者の名称以外に、本が出来るまでに関わった制作者の名前がずらりと記されていたのだった。

著者：藤原輝子、編者：藤本彰二、校正者：下島崇、組版者：三井則正、製版者：鈴木利紀、点検者：萩原研、調肉者：小宮山裕明、紙積者：平澤和男、印刷者：竹内重治、断裁者：福井太吾、製本者：藤原隆光、生産管理者：杉本隆太……

二〇〇〇年以降、インターネット上で二十四時間三百六十五日稼働する格安印刷通販サービスが世の中を席巻し、色味や用紙など印刷の細部にこだわるよりも、安さ早さが求められる時代へと突入した。技術の衰退は品質への無関心から始まる。こうした負の側面として、技術を備えた小さな印刷所がいくつも倒産し、日本の印刷技術は著しく低下、印刷所の多くで人材不足が嘆かれ、出版社も凝った造本はできなくなった。この状況に歯止めをかけるために、「印刷物責任法」が制定された。施行されたのは二〇一六年十一月三日。この法律により、本が完成するまでに関わった者の氏名はすべて奥付に記載しなければならなくなったのだ。

そもそも、発行日、発行者とその住所、印刷者の氏名とその住所、印刷日を奥付に記載することが義務付けられたのは、明治二十六年に公布された出版法においてであった。十九世紀後半の活版印刷の時代、印刷機を動かしていたのは基本一人だったため、印刷会社ではなく印刷担当の職工の個人名が奥付に記載されることが普通であった。印刷物に自分の名前が記されるからこそ、その仕上がりに強くこだわり、自らの仕事に誇りを持っていた。しかし、戦後になって、印刷者個人の名を記すことを義務付ける法律はなくなっていた。

生産物に生産者の名前を記載すること――それは、農業の世界では当たり前のことだ。各地の道の駅やスーパーでは、野菜や果物に生産農家の個人名が（ときには写真付きで）明記されているし、全国各地で開かれているファーマーズマーケットでは、個人農家自らが店頭に立ち、「誰が」「どこで」「どのようにして」作ったものなのかを直接購入者に伝えている。そこで交換されているのは、物とお金だけでなく、責任と信頼と安心感でもある。購入者から直接の評価を受け、認められた実感を持ち帰った農家は、さらに美味しい野菜・果物でもって消費者の期待に応えようとする。そうした循環の先に、「奇跡のリンゴ」で有名な青森県の木村秋則さん、「一日千箱売れる卵コッコファーム」で有名な熊本県の松岡義博さんといった、全国規模で個人名が評価される農家がいるのだろう。結果、農業そのものが見直され、若者が農業に還ってくる。

「印刷物責任法」が施行されてから、印刷業界でも同じことが起こり始めた。自分が印刷を手がけた本を、自らの言葉で直接読者に説明し、自らが販売する職人が現れた。一冊の本が「誰の手で」「どこで」「どのように」作られているのか、最後の最後に本を形にする技術者だからこそ伝えられるストーリーというものがあるのだ。そうした動きが広がることで、強くこだわり抜いた本が数多く作られるようになった。

印刷者個人にスポットライトが当てられ、メディアで取り上げられるようになったこともあって、印刷業界で働きたいと志願する若者が急激に増え始めている。
『美しい印刷』の奥付にその名が記載されていた調肉者の小宮山裕明氏は、どんな特別な色でも、依頼主のイメージの先へ超えて、完璧に作り上げることで有名だ。百種類以上ある印刷用のインキを混ぜ合わせ、さらには、塗装用のペンキなど異業種の素材をも使用して、新しい色を生み出す。その活躍は印刷に限らず、ファッション業界における染色技術にまで広がり、シャネルやエルメス、グッチといった世界的有名ブランドの工場から個人指名を受け、染色アドバイザーとして専属契約を結ぶほどだ。

印刷会社が本を印刷するだけに留まっていた時代は終わりを迎えようとしている。これからは、本作りに携わる個々人が、自らの技術を世界にアピールすることが当たり前の時代になるだろう。そうした変化がさらなる印刷技術の向上につながり、今までに例を見ない作品が多くの読者を驚かせるかもしれない。その先には、印刷業界の明るい未来が待ち構えている。近い将来、日本の本作りの技術がユネスコ無形文化遺産に認定されることも、夢ではないはずだ。

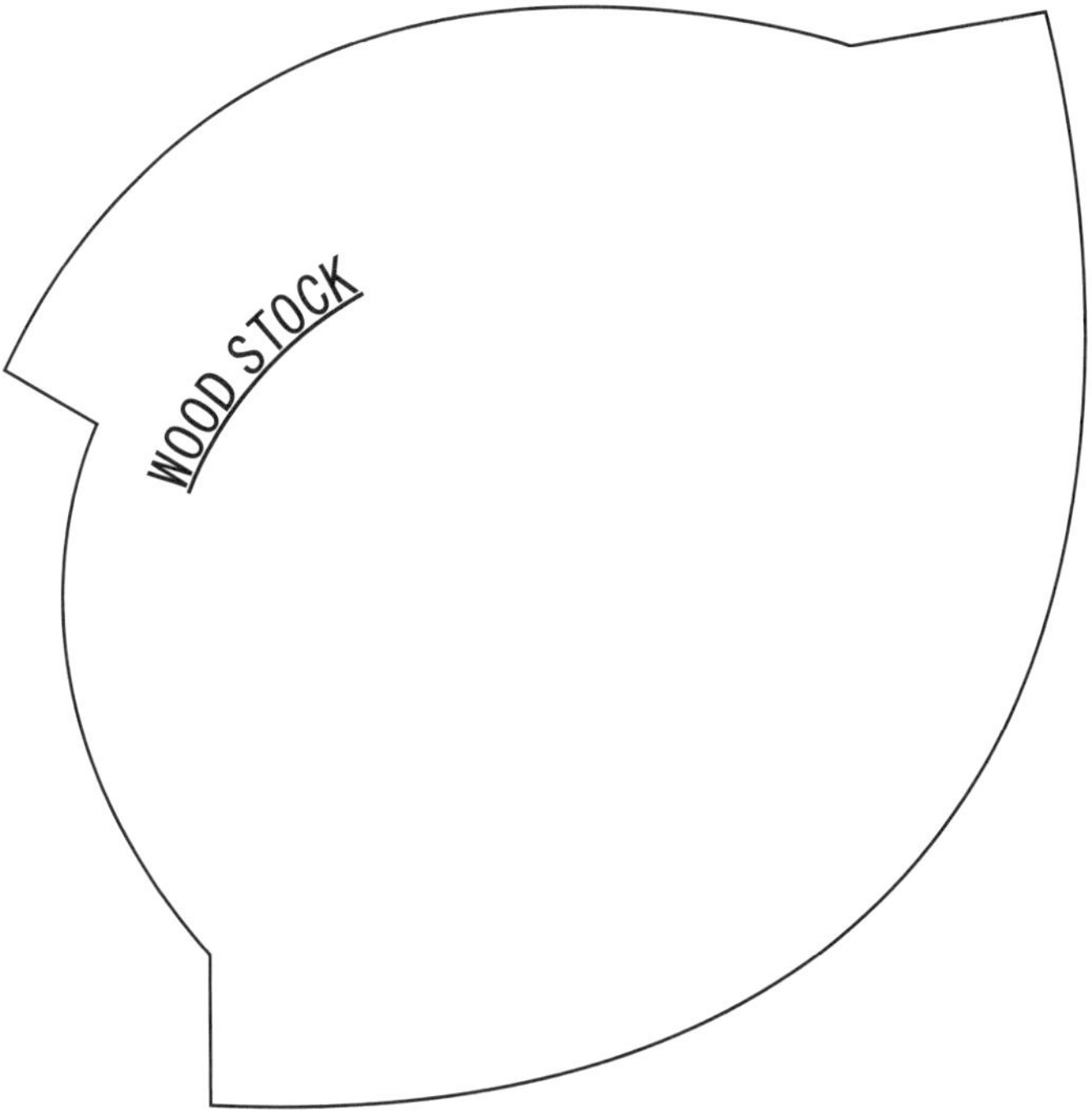

徳島県三好市

ボクは高松で完全予約制というかたちで本屋を営んでいる。お客さんが店に来たいとき、ボクに希望日時を電話やメールで伝える。その時間に合わせて開店して客を迎える。つまりボクの本屋は開いているあいだは誰かしらの予約した人がいる。店はかれこれ十年目を迎えるが、ボクがいるときにお客さんがいなかったことが一度もない。三百六十五日二十四時間、行きたいときにいつでも当店に来ることができる。これって夢のような本屋じゃないか？　と思ったりもするのだがなんのことはない。今の店を始めた当時、本屋で食っていけるなんて考えていなかった。だからお客さんが来なければ何か別の仕事をして生活費を稼いでいこうと決めたのだ。そこで考えたのが予約制というスタイル。そもそも誰もいないのに本屋を開けているって意味がない。夏や冬だとエアコンだけでも電気代が馬鹿にならないわけだし。

と、極めて効率的な本屋のあり方として予約制の店を始めた。本屋をやろうと自分に誓って店を始める。なのにわざわざ営業時間や定休日を自分から積極的に作って時間に縛られるなんてまっぴらだ。

当店の考え方にようやくフォロワーがついてきたのか、ここ数年は本屋の開業を考えている人たちが相談に来るようになった。なんせボクの本屋は予約すれば深夜だろうが早朝だろうが好きなだけ滞在できる。本屋開業の相談はおろか人間関係の悩みから借金返済の解決方法まで、あらゆる難問に対し的確に回答してあげている。本を買わなくても相談料要らず、各自の将来が自由気ままに開けていく。確信した。ボクが営んでいるここそが「夢の本屋」だ！

夢の本屋の店主であるボクのアドバイスを受けて同じ四国で本屋を開いた男がいる。先日ようやくそこを訪れる機会があった。徳島県の祖谷《いや》という山あいの集落にその本屋「WOOD STOCK」はある。祖谷という地域は今では若い人たちが少なくなり、WOOD STOCKは廃校となった小学校を丸ごと本屋に変えたのだという。地方創生とやらで田舎は補助金事業で溢れかえっている。国からお金をもらったはいいが使い道がわからない各自治体。この現状を利用して、文化的な香り漂う企画書を提出すれば、本屋開業の資金なんて不要であるという秘伝を男に伝授したものの、祖谷は日本の三大秘境と言われ、源平合戦で敗れた平家の落ち武者たちが暮らした土地。さすがにそんな山奥で本屋の経営は難しいのでは……と車を走らせる道中、山道が細くなっていくにつれてだんだん心細くなってくる。

早朝、道が混まないうちに高松を出発したのだが、祖谷に着いたのは正午前。四国は公共交通機関が発達しておらず、関西や東京の本屋に行くよりも逆に遠く感じる。川を隔てて点在する何軒かの古民家の向こうに、小学校の校舎が見えてきた。あれが**WOOD STOCK**か。って、校舎が木造じゃなく鉄骨じゃないか！ ボクの教示で開店した本屋に足を運ぶという感慨深さより、本の仕入れはどうすればいいですか？と悩んでいた男があの大きな建物に本を何冊並べたうえで本屋と名乗っているのか、不安のほうが先立ってくる。

店の駐車場はグラウンドだった。たしかにこれなら車を何台も停められる。まあ車が何台も並ぶほどこの山奥に客が訪れるとは想像しがたいのだが。校舎の入り口へと向かって歩く。すると若い女性が奥から現れて話しかけてきた。「いらっしゃいませ。よかったらお店までご案内させていただきます」。なんだ？ 手伝いに来

ているスタッフか？　そもそも手伝うほどの仕事なんてないだろう。と思いながら彼女に問いかける。「ボクの弟子がここに本屋をオープンしたと聞いて来たのですが、お友達ですか？　まさか彼女!?」彼女の返答にボクは狼狽する。「あ、すみません。この春からWOOD STOCKで社員として働いている三好と申します」。社員？　人を雇っている⁇　本屋を始めてそこそこ経つボクだが、とてもじゃないけど人件費を支払う余裕なんてない。「三好さん、山奥だから狐に化かされたって演出をしたいのはわかるけど、本屋で人を雇うのは大変なことなんだよ。よかったらもなにも、本屋に来たのだからその本屋とやらまで案内してくれないかな」

いつの間にか狐目に変わっていた彼女が体育館の奥にある校舎へと誘ってくれる。廊下を歩いていると木材がたくさん積み上げられている教室を見つけた。「あの木はここの本棚を作るために保管しているの？」と三好さんに問いかける。「いえいえ、本棚には別の木を使っています。ここにあるのは海外への輸出用です。学校の裏山に良質の肥松《こえまつ》が自生してるんですよ。彩色を施さずとも自然の木地のまま利用できるので特に中東の国で人気が高いんです。ドバイにこの秋オープンするホテルにもこれらは使われる予定です」。ドバイ？　ここって本を売るところじゃないの⁇　さらに奥の教室へと進む三好さんのお尻から尻尾が出てこないか確認しながらついていくと、放送室を過ぎた突き当たりにある教室で彼女の足が止まった。「社長、お客さんが来られました」。おそるおそる中に入ってみると、たしかにそこでボクの知っている男が山になった本を整理している。弟子は振り返ると「師匠！　わざわざお越しくださったんですね!!　何か冷たい飲み物お出ししますね。好美くん、アイスコーヒー二つお願いできる？」と隣にいる狸のような男に話しかける。一緒に本の仕分けをしていた、お腹のぽこっと突き出た好美くんとやらは教室を出て体育館があったほうへと消えていく。ええっ！　ここにはまだ他に働いている人がいるの？

「その節は本当にお世話になりました。あのときアドバイスを受けてなかったら、今も本屋の仕事をためらっていたと思います」。すでにボクはこの時点で聞きたいことが山盛りなのだが落ち着いた体を装って尋ねる。「社員まで雇っているなんて頑張ってるじゃないか」。弟子が返す。「師匠の教えどおり、この本屋は地域活性化のための補助金で建物の修繕費から光熱費まで自治体にまかなってもらっています。産業支援センターでの人材育成の助成金、地域おこし協力隊の制度も利用してやっと三人ですが、スタッフとともに本屋を切り盛りしています。障害者支援の仕組みを利用すればあと二人くらいは雇えますので申請しているところです。この仕事って、いくら人手があっても足りないじゃないですか」。本屋ってそんなに人手必要だっけ？　っていうか補助金ブローカーみたいになってるじゃないか！

「本をネットにアップして販売する仕事から始めようとしたのですが、木材のニーズが本とセットで付いてきたりしまして。先日は仙台まで本と木材を一緒に運んで、本屋と図書館を現地の工務店と作ってきました。ここにいるときも仕事に夢中になって徹夜続きがしょっちゅうなんです（苦笑）。ですので今は三人とも好きな教室を自分の部屋にしてここで暮らしています。そうするとわざわざ家を借りる必要がありませんので。関西にテーマパークを作る仕事を受注できまして来年からは出張も増えそうですし」。テーマパーク？　テーマは何だよ！　まあちょっと落ち着け自分。「本屋を始めたばかりの頃はどうやって本を集めたの？」と当たり障りのない質問に逃げる。

「図書室に本がたくさん残ったままになっていたんです。最初はそれをアマゾンに出品していました。自分が小学生の頃は気づいていなかったんですけど、学校の図書室って講談社発行の「世界の科学名作」や集英社の「ジュニア版・世界のＳＦ」とかが全巻揃っていたりするんですよ。そういったコレクター向けの本は神保町にあるＳＦ・ミステリー専門の古書店にまとめて買い取ってもらいました。そのお金でBOSCHの電気のこぎりやMakitaのサーキュラソーを購入しました」

好美くんが運んできてくれたアイスコーヒーを一口飲んでボクは聞く。「でもさあ、補助金を利用して今はやっていけるけど、そういうお金っていつまでも続くものじゃないわけじゃない。その後もここを続けていく算段は立てているの？」自分から知恵を授けておきながら間抜けな質問をしてしまう。すると黙って話を聞いていた三好さんが笑顔で告げる。

「本って紙からできているじゃないですか。紙は木から作られますよね。この学校は木々に囲まれています。本や木をどうお金に変えていくのか。毎日仕事をしていると、いろんなアイデアが浮かんできます。実は私、学校に行くのが苦手な子どもでした。時間と知識に縛りつけられる感じがして。でも今は仕事を通して学校で学ぶ楽しさを取り戻している気がします。暮らしていくにはお金の心配をしないといけないなんて、先生は教えてくれなかったじゃないですか。そんな当たり前のことも日々勉強できるこの本屋は、私にとっては初めての学校です」

WOOD STOCKの裏手に広がる山を四人で歩く。よく見ると一本一本の木に本のタイトルらしきものが刻まれた看板のようなものが取り付けられている。「これってどういう意味なの？」と好美くんに問いかける。「木ってじっくり観察すると表情がすべて違うんです。この木は一体どんな本を生みだすのかって想像しながらプレートを付けていくのも仕事です。このトチの木は先日まで『カニバリズム　最後の夕ブー』だったのですが、木の面持ちは時間とともに変わります。ここ数日の雨で葉に潤いを取り戻したので、今ではプレートも『わたしはマララ』に変えました（笑）」

「ここに生えている木もどこかへ運ばれていくの？」

「はい。実際に本へ変わる木もたくさんありますしね。たとえばこの白樺の木、これは成育も悪く栄養が滞っていますので図書印刷にいったん送る予定です。ソフトバンク新書あたりに生まれ変わって元気を取り戻してもらえればと。藤井さんもどれか気になる木にプレートを付けてみます？」

『トンデモ本　このベストセラーがトンデモない!!』と付けられた木の前でボクは足を止める。見れば見るほどたしかにトンデモなく人目に付かない木だ。だけどこの先、多くの人たちに求められる本へと化けるかもしれない。今はボクだけがこうして見つめているけれども。この木に付けられたプレートを重版出来の願いを込めて取り替える。『夢の本屋ガイド』と色濃く刻んだプレートへ。

「WOOD STOCK」の売れている本ベスト3

①『樹木たちはこう語る』ドロシー・マクレーン著、山川紘矢・山川亜希子訳、日本教文社

②『大きな木の下で』クレイトン・ベス著、犬飼千澄訳、ぬぷん児童図書出版

③『山のむこうは青い海だった』今江祥智作、長新太絵、理論社

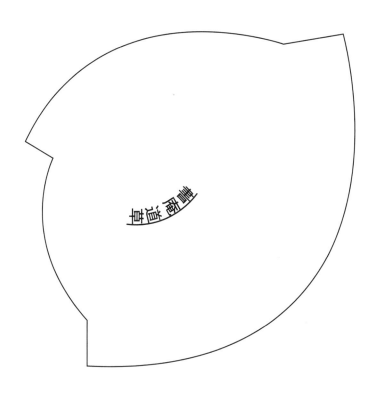

書庵道草

熊本県熊本市

二〇一六年四月に発生した地震によって、甚大な被害を受けた熊本。街の中心部に位置し、精神的な支柱として存在する熊本城においても、被害は計り知れなかった。再建に要する期間は、二十年との報道さえある。以前のお城の雄姿を再び目にするのは、いつの日になることだろう。そんな不安を熊本県民、そして熊本城を愛する人々は胸の内に抱えているのではなかろうか。

そうした状況下、熊本城のほど近くで営業を始めた本屋があると友人より知らせを受けて、私はその日のうちに店主の西山栞《しおり》さんにインタビューを申し込んだ。

お話を伺ったのは十月初旬。工芸館や美術館の立ち並ぶ界隈を、お城が見下ろす。芸術の空気漂う熊本市中央区千葉城町に、その本屋はあった。彼女が付けた名前は、「書庵道草」。庵のイメージそのままの、存在感のある茅葺屋根をのせた古民家が視界に飛び込んできた。店名の由来を西山さんに聞くと、「本来の目的地から外れた〝道草〟だからこその、想像もしなかった本や人との出会いを提供する本屋でありたい」との願いを込めたという。「気にかかっていた小説や漫画とは別の作品でも手に取ってしまう〝道草〟の魔法を唱えられたら、との遊び心です」

チェーン店に勤めていたという彼女が一念発起して自分の店を開こうと思ったきっかけは、ある本屋の廃業だった。

「最初の地震が起きたあと、我が家は幸運なことに無事でした。けれども、自宅の二軒ほど先にあった新刊書店は、四月十六日の本震の直撃を受けて倒壊しました。営業が困難となり、泣く泣くお店を畳んでしまったんです。顔なじみの店長の十勝さんに近所でばったり会うと、意気消沈していました。私にとって、毎日本を読むことは、息をするのと同じように当たり前のことです。生活の拠点のすぐ近くにあって、仕事帰りに無意識のうちに立ち寄ってしまう本屋が消えてしまったことに茫然としました。だから、熊本に住まう人の心の拠り所になるような店を開業したい、それも私が愛してやまない熊本城に隣接する場所で、と強く思ったんです」

現在、彼女が最も力を入れている企画を尋ねると、復旧作業の真っ最中である熊本城の石垣に本を〝植え込む〟プロジェクトだと教えてくれた。目下行なわれている熊本城の再建工事に並行するかたちで、行政や熊本城を支える民間団体と連携して取り組んでいるのだという。企画の着想は、地震によって崩落した石垣の中から〝観音様〟や〝人の形〟が刻まれた石が見つかったことから、と話す。

「歴史に詳しい知り合いの学芸員に聞いたところ、加藤清正公、あるいは当時の職人や石工たちが、石垣を積み上げる普請《ふしん》の安全や無事を祈念し、地鎮するために石垣に組み込んだのではないかということでした」。そこで、崩れた石垣を元に戻す際に、本を一緒に埋め込むことを提案したという。先述した本屋の十勝さんの奥さんが熊本城を所管する経済観光局に勤務しており、西山さんの考えに共感して熱心に働きかけてくれたそうだ。

「修復工事の無事を祈願するのはもちろんですが、熊本城とともに暮らす、市民のこれからの安全を願うプロジェクトでもあります。過去から今日に至る自然災害の記録を綴った書籍を埋め込むことで、災いを〝封じ込める〟んです。たとえば『天災から日本史を読みなおす　先人に学ぶ防災』や『今こそ知っておきたい「災害の日本史」』、『大震災の記録と文学』といった秀作です。ほかに熊本や熊本城に関わる書籍も加わっています」

私はその後、店から道路一本を隔ててそびえる熊本城の構内に案内された。途中、石垣の一部がいまだ崩れており、修復を待つ箇所も多数見受けられた。宇土櫓《うとやぐら》近くに到着して、本が実際にどのような方法で石垣の中に収納されているのか、説明を受けた。

西山さんから言われて、とある装着物を付ける。すると、水泳のゴーグルのように視界が開けている中に、周囲よりも一段と眩しく輝きを放つ石が見えた。石に触れると、本の形をした巨大な物体が現れる。その仕掛けに驚いた。視界に鮮やかな演出をもたらした正体は、VR（仮想現実）ゴーグルだったのだ。私の目前には、『コミック くまモン　毎日が宝物編』が縦三メートル、横二メートルほど、紙の刊行物サイズと比べるとおよそ二十倍の大きさで立体的に浮かび上がっている。ゴーグルの向こう側でめくる動作をすると、巨大なVRの物体もめくられていった。

「各所に埋め込む本の総数は三百六十六冊を予定しています。本丸周辺から、飯田丸、西出丸、そして堅物台、百間石垣に至るまで、あらゆる場所に本を〝植える〟ことで、お城を周回していただける流れを計画しました。もちろん私の店でも関連書籍を販売していますが、記憶を風化させないためには、震災の痕跡が残るまさにその場所で読書する内容を脳裏に刻み込み、体感してもらうことが最も有効だと考えました。このプロジェクト実現に向けて、福岡のＩＴ関連会社の担当者さんと一緒に苦闘しました。ようやく軌道に乗ったのも先週で、工事の進捗は予定箇所の二％ほど。石垣の再建もまだ始まったばかりです」

これまで幾度となく災害や戦争に見舞われた熊本城は、それでも不死鳥のごとく蘇ってきた。「万が一、将来再び被害を被ることがあっても、石垣の中から現れた本が人々にとっての希望の光になるかもしれない。そう思って、願いの込もった『壱里島奇譚』や『一冊の本をあなたに　3・11絵本プロジェクトいわての物語』といった本も埋め込んでいるんですよ」と西山さんは強調しながら話してくれた。彼女が選んだ本だけでなく、公募によって推薦された本も植えられているようだ。

力を入れている企画が西山さんにはもうひとつあった。それは、熊本地震で自宅が被害を受けた県民から、無事だった本、つまり〝生き残り〟本を譲り受けて、必要な人に販売する取り組みだ。「大切な本や本棚を、自宅もろとも失ってしまった人たちも少なくありません。他方、かろうじて本が残った人たちによる持ち込みも

増える一方だと古書店の方から聞きました。そこで、本を泣く泣く処分するのではなく、楽しんでくれる人に作品をつなげるために〝想いのバトンリレー〟をしてはどうかと、思い描きました」。こうして始まった「つなぐ〝丸〟くまもとプロジェクト」は、バトンを渡す人たちが〝丸〟い円（縁）でつながり合うようにと願って名付けられたという。

「その主役の一方は、熊本城の〝生き残り〟である瓦です。市と協力して、その一部をブックスタンドに加工し、生き残った者同士ということで本とセットにして、城彩苑にある観光案内所で販売しています。縁起がいいから手にした方も喜んでくれますよ（笑）。これらの収益はすべて『熊本城災害復興支援金』に寄付しています。お城の再建に少しでも役立ってほしいと思いました」

西山さんが驚いたのは、報道を目にしてだろうか、熊本以外の人たちからも差し出されたさまざまな〝バトン〟だという。「全国から問い合わせがありました。特に印象に残っているのは、震災を経験した地域の方々からの、心強いお申し出です。岩手県大船渡市に住む六十代の女性から、熱い気持ちの綴られた十枚ほどの便箋と一緒に『3・11 慟哭の記録　71人が体感した大津波・原発・巨大地震』が送られてきました。また、阪神・淡路大震災を経験した神戸市の友人から、避難所に届く救援物資の中に絵本が混ざっていたことを幼いながらに覚えていると連絡がありました。後日、『おひさま あはは』や『わすれられないおくりもの』などを送ってきてくれました」

「ちょうど先日、益城町の中学生の女子五人組が、熊本城を見た帰りに店に立ち寄ってくれたんです。『しばたベーカリー』や『老女的少女ひなたちゃん』を読みながら談笑していました。その本を送ってくれたのは『つなぐ〝丸〟』の取り組みを応援してくれている新潟県長岡市の本屋仲間、藤崎さんです。彼渾身のおすすめPOPはスマホをかざすと本の紹介動画が再生されます。彼女らは熱すぎる彼を見て大いにウケていました（笑）。スーパーに並ぶ野菜の生産者表示みたいに、本を渡す前のランナーを実際に見てほしくて、藤崎さんにお願いしたんです」と言いながら、西山さんはそうした〝バトン〟の数々を見せてくれた。復興に向かう熊本とともに歩む企画は、これまで自分を育ててくれた土地やお城への、彼女なりの愛情と感謝の印のようだ。

復興への道のりを併走するのは、熊本のみならず日本全国の〝本屋〟である。たとえ石につまずきよろめいても、二人三脚で懸命に走るお城と本屋が握りしめるバトンには、災害を記憶し乗り越えようとする各地から受け継いだ想いが詰まっている。地震後に生を受けた赤ん坊たちが熊本の地で成人する頃、彼ら彼女らの目の前に現れているのは、〝本〟が無数に埋め込まれて光り輝き、「本の城」となって復活を遂げた「熊〝本〟城」の雄姿に違いない。

「書庵 道草」の売れている本ベスト3

①『くまもと文学百景』平山謙二郎編著、熊本日日新聞社

②『気になる人』渡辺京二著、晶文社

③『悲しみの秘義』若松英輔著、ナナロク社

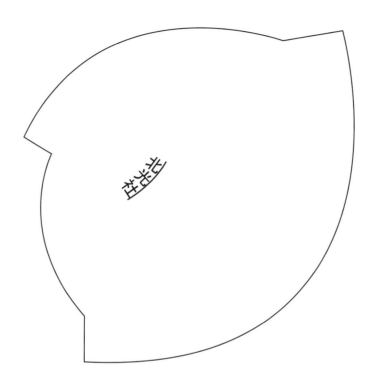

北光社

新潟県新潟市

行ってきましたよ北光社。あの旧館の天井、三階までぶち抜いたのは正解だね。見た目もカッコいいし回遊性が高まるなあれは。おまけにエスカレーターまでつけちゃってね。三階から上はこれからどうなっていくか、でもあれだけスペースあればイベントでも何でもかなり使えそうだ。なんかカフェも準備中みたいなこと書いてあったけどどうかな、このへんコーヒー飲む場所いくらでもあるからね。ちょっとオーナーさんに進言したいのはね、屋上が狭いけどいい感じだよと。ビアガーデンとかね。冬はおでん屋台とか。酔っ払って下降りたら本屋で散財、みたいな。まあとにかく、細かいことはおいおいでいいよ。何年か前に食品館になってオープンしたこともあるんだけどね、あそこで商売するならやっぱ本屋だろうなってずっと思ってたよ。おれがいた頃は二階までだったから三階も売り場になってるのは新鮮だったな。北光社ってパッと見、すごく大きいイメージがあるじゃない。だけど昔は手前の建物だけだったのよ。ななめ後ろの土地借りて四階建てのビル建てたのはずっとあとなんだ。真上から見たらわかりやすいんだけど二つのビルの角と角をくっつけて一緒になってるのね。だから外見のイメージで入ってみるとワンフロアの広さはたいしたことないのがわかる。新館旧館あわせて七つのフロアで構成されてたんだよ。

なんでいびつな構造になるのを承知ででっかいビル建てたのかというと、きっかけは四十年前に紀伊國屋書店が新潟市に進出したことなんだよ。正確には一九七五年、当時としては破格の三百坪でね。百坪程度の北光社が最大規模だった当時の新潟の書店業界にしたら弩級《どきゅう》の出来事でしょ。書店主たち相手に説明会もあったようで、組合の会報に対策を考える座談会が掲載されていたのを読んだことあるよ。もう根こそぎ持ってかれるようなイメージだったんじゃないかな。そんとき地元勢が下向いたのかっていったら、北光社の社長はそうじゃなかったんだね。「そんなら店拡げるわ!」ってノリだったのかどうなのか知らないけど痛快ではある。一気に売り場を三倍にして黒船を迎撃したわけだ。

北光社
北光社
HOKKOSHA
北光社
ふるまちモ

黒船といえばね、北光社は創業が江戸時代なの。知ってるよね。「百九十年の歴史に幕」って閉店のときやってたもんね。最後の社長は六代目なの。紀伊國屋に対抗したのはそのお父さんで五代目ね。おれらは会長って呼んでたけど声がでかい元気なジイさんだったよ。四代目は会長の叔父にあたるひとで、企業整備令で支店を閉鎖したり、新興書店がポコポコできて市場が荒らされたり、戦中・戦後の混乱は大変だったらしいんだけど資料がなくて詳しくはわかんない。新潟大火で北光社もきれいさっぱり焼き尽くされちゃったんだよ。だけど商売が盛り上がった時代でもあったらしくて、事実四代目の頃が一番の安定期だったらしいよ。

なんかさっきからおればっか喋ってるけど大丈夫？　気にせず続けるとさ、特筆すべきは三代目なの。そんなこと勝手に言ったら怒られるか、まあ本屋目線でということでね。北光社はずっと古町で商売してきたイメージを持つ人も多いけど、もっと県北の水原《すいばら》が発祥なんだよ。幕府直轄の天領で、県政の中心地は水原だったの。初代が商売を始めたのが一八二〇年、創業時の屋号は「紅屋潤身堂」といって、「紅」は化粧品ね。書物を併売してたんだな。明治以前の話だから商売の中心は化粧品だったんじゃないかね。黒船の話はまあ、そんだけ昔だよって意味でしかないんだけど、ペリーが来たのは二代目に経営が移った頃。仕入れに十日もかけて京都まで行ってたとか、そこで蛤御門《はまぐりごもん》の変に遭遇したとかさ、そういう時代の本屋経営ってどうなのかね。明治になってから、二代目は世情に明るいってことで水原町長になるんだよ。だけど兼業は当然きびしくて紅屋はあっという間に傾きかけて。

で、そこで三代目なんだけど、この人は養子なの。山岡鉄舟っているじゃん、幕末三舟の。剣術の達人の。鉄舟は二代目と親交があったらしく、身の危険を感じたときも頼ってきたと。そのとき鉄舟が世話になった家の次男坊が後の三代目なんだって。家督を継いだとき十七歳だったらしいんだけど、傾きかけた店をどうやって持ちこたえたんだろうね。数年は水原で踏ん張って、地元の割野《わりの》村に撤退するんだけど、そこで八年商売を続けて明治三十一年に新潟市に打って出るんだよ。調べたら、明治三十一年て港町だった新潟が市に昇格してから九年、というタイミングなのね。勝手な想像だけど、水原からの撤退とそこからの八年は新潟市に進出するための足がかりのつもりだったんだろうね。そこから「北光社」の看板を掲げるんだ。この数年間は特に興味深いんだけど、誰か小説にでもしてもらいたいよこれ。どれほどの苦労だったのか、三代目は疲労の蓄積で体壊して大正二年に亡くなったそうなんだけど、そうやって持ちこたえた土台があって、先に話した四代目、北光社の隆盛時代に続いていくと。

北光社って名前はさ、〝北国に文化の光を灯す〟という意味なんだよ。閉店のときにさんざん引用されてた。その後も一時テナントが入ったり、単発のイベントであの場所を使ったりするとね、そういうとき「北光社に光が戻った」とか書くわけ。たしかに使いたくなるフレーズだよ。だけどそれは単に電気が点いただけであってだね……いや別に言わないよ（笑）。ただその「光」の継ぎ足し加減を遡っていくとさ、ちょっとくらいそう思うのは許してほしいというか。

六代百九十年と言われると壮大すぎるけど、それぞれの時代はだいたい二十〜四十年だ。それは想像できる長さだよね。その時々の社長も従業員も、多分「文化の光」がどうだとかは一切考えてなかったはずだよ。なぜならおれもそうだったから。最初バイトでもぐり込んだのは一九九六年でさ、あの時点ですでに新館の二階から上は他のテナントが入ってた。ということは増築からたったの二十年だよ。採算が合わなくて大変だったんだろうなとか、それくらい想像できるわけだ。そこから閉店までの十四年だってホントあっという間だったしね。特に店長になってからの七年なんか「金ない金ない」ばっかりだった（笑）。これはまったくネガティブな話ではなくて、そうやって上を下への大騒ぎの中で、それでもいい棚作ろう、売り上げ伸ばそうって気持ち自体は萎えたことはないの。その頃の話？　だから「金ない金ない」だって言っててんじゃん（笑）。

だけどいま話したように、北光社なんて普通のどこにでもある本屋だったんだよ。じゃあどこがよかったのかと言われると立地しか思いつかない（笑）。駅前からの大通りと商店街の交差点、人が絶えず行き来して、なんかスッと入っちゃう店なの北光社は。無意識で。これすごく漠然としてるけど大事なんだよなあ無意識の場所。通りすがり、読書家、近所の人、旅人、それから待ち合わせね、全方位にオープンな場所。なんだけどそれがかえってひとりになるのにちょうどいい、みたいな。すごく流動的な空間なんだけど、本はずっとそこに留まって読者を待っているでしょ。そういうアンバランスな感じはいいなと思ってた。もちろん右から左に捌《さば》いていく商品が中心ではあるんだけど、よくよく見ると誰が読むのかというような本がさりげなく棚に差してあったりね。いやいや君のためだよ、というね。

しかしこの話、単なるノスタルジーではなくなったわけだよね。実際復活しちゃったんだからねえ。七年前、二〇一〇年の閉店のときさ、また十年後とかに、なにくわぬ顔してここで本屋やってたら面白いな、とか考えてたんだけどホントに出来ちゃった。それを自分で果たせなかったというのは悔しいけど、まあそんなのどうでもいいよ。もう少しで創業二百年なんだからちょっとひと休みしてたと思えばいいんじゃない。実際あの光景見たらちょっと感動したよ。店名はオーナーさんが不本意だったとしたらかわいそうだけどこればっかりはなあ。店がなくてもタクシーで古町行くとき、ついつい北光社前まで、なんて言ってたんだしさ。違う名前つけても北光社って呼ばれちゃうよね多分。おれ昨日行ってきたんだけど開店ご祝儀で混んでてね、そういうの苦手だから一周だけしてそそくさと帰ってきちゃった。まだちょっと無意識にはなれない感じだったね（笑）。ところで一方的に喋り倒しておいてあれなんだけど時間ないからまたね。こんど飲みいこうか。北光社で待ち合わせようよ。

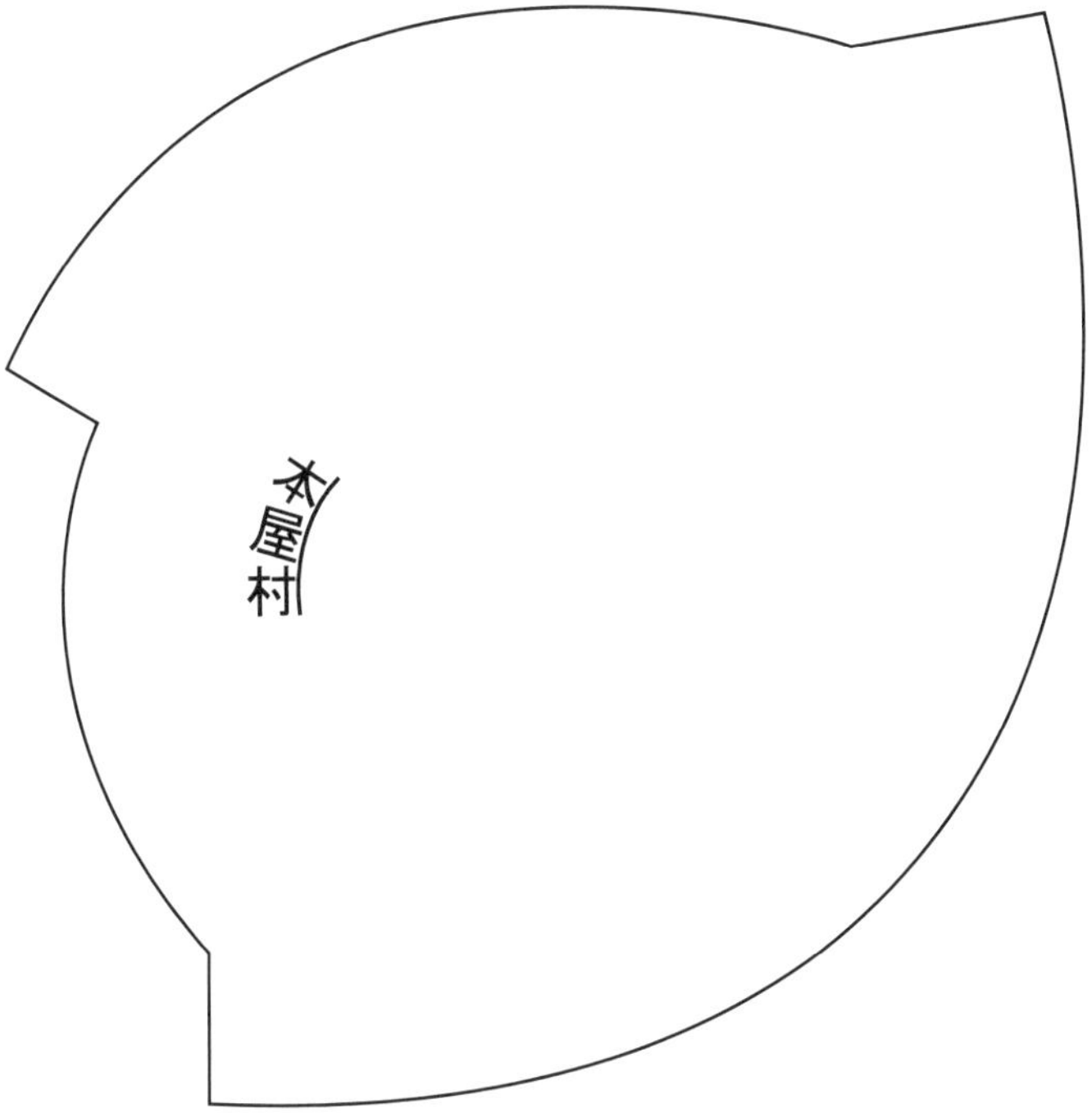

東京都中央区

二〇二〇年、東京で開催された国際的なスポーツの祭典。その選手村の中にあった本屋のことを、皆さんはご存じだろうか。その名も「本屋村」。完全期間限定の本屋であった。

「本屋村」の店主は、安井ひとみさん。

東京で十年ほど書店員として働いたあと、両親の強い思いに応え、家業であるスポーツ店「ヤスイスポーツ」、通称「ヤスポ」を手伝いに、地元の新潟に戻った女性だ。今から五年前、二〇一七年のことだった。

ただ、やはり書店業への熱い気持ちを捨てきることができず葛藤を繰り返し、最終的に両親を説得。家業をきちんとこなすことを前提として、書店員の仕事も兼業できることになったのだが、さて、その仕事をどう実現させたというのか?

なんと、スポーツ店の中に「ヤスポ文庫」という名の本屋を作ってしまったのだ。まず、高さ九十センチほどの可動式の本棚二つを三セット用意し、その両面を使えるように背中を合わせて、店内のど真ん中に「コの字型」に並べた。外側の本棚は、壁面にある競技別のコーナーに合わせ、野球コーナーに向いている本棚には野球にまつわる本、水泳コーナーに向いている本棚には水泳にまつわる本……というふうに展開した。内側を向いている本棚には、スポーツをするのに必要な「身体」にまつわる本や、今イチオシの本、一緒に買い物に来た子どもが読めるような絵本も揃う。面出しされている本にはすべて、安井さん手書きのPOPが付けられており、思わず手に取ってみたくなる魅力を醸し出している。

コの字棚の内側にはさらに、卓球台とベンチを設置。靴を脱いで上がれるマットレス（学校で使われているようなスポーツ用）も置かれており、そこに寝転がって本を読むこともできる。いわば、客が買い物ついでに休むことも可能な、ヤスポの憩いのスペースになっているのだ。なお、これらの什器はすべて売り物なので、希望があれば販売もするそうだ。

この「ヤスポ文庫」でもっとも人気があるのが、スポーツ選手たちにゆかりのある本を特集した「パワーがもらえる本棚」である。

野球の松井選手が愛読している宮本武蔵の『五輪書』や、読書家としても有名な陸上の為末選手が紹介していた加島祥造の『タオ』。ゴルフの石川選手がお父さんに薦められて読んだ『野菊の墓』や、元サッカー日本代表の岡田監督が好きだという、井上靖の詩集なども並んでいる。

この棚いちばんの売れ筋は、『心を整える。』。白洲次郎や松下幸之助の本に刺激を受けたという、サッカーの長谷部選手の著書だ。ふだん本を読まないヤスポの社長（安井さんの父）が珍しく「これ、良い本だぞ」とひとみさんに薦めてきた本だそうで、「これは絶対売らなければ！」と思ったのだという（彼女が頼み込んで書かせた社長の直筆POPが素晴らしいのだが、せっかくなら実物を見てほしいのでここには載せないことにする）。

日々練習に明け暮れているスポーツ少年少女たちが、憧れの選手が読んでいるからという理由で本を手に取り、そこからまた別の本へと好奇心を広げていく……。安井さんは、それが「たまらない」という。「スポーツは〝身体〟を鍛えるのに大切だけど、本で〝頭脳〟も鍛えられたら最強じゃないですか！」ちなみに安井さんは、そんな文武両道の男性がタイプだそうだ。

安井さんが新潟に戻る以前から見据えていたもの、それが、国際的なスポーツの祭典だった。

せっかくの日本開催である。この機会を、スポーツ店の娘であり、本屋でもある自分が見過ごすことはできないと、安井さんは、思いきった行動に出た。それは、東京で書店員になる前に勤めていた大手スポーツメーカーに熱く強い思い――国際的なスポーツの祭典の「選手村」に本屋を開店したい――を直談判することであった。

その結果、メーカーが自らのブースの一角を、「書店」スペースとして貸し出してくれることが決まったのだ。

その書店には、安井さんが以前から考えていた、こんな名前をつけた――。

「本屋村」。

一見、安直と思われるかもしれないこの店名には、深い思いがぐっと込められているのだが、その説明はあとにとっておこう。

「本屋村」は、選手村の入口からすぐの建物、一階の左角に開店した。選手たちはもちろんのこと、一応のセキュリティチェックは受けなければならないが、一般の人々も利用できる書店になっていた。

安井さんはまず、スポーツに関する本を仕入れ並べた。加えて、「それだけじゃあ芸がないかなと思って……」と、世界の各地から集まる選手に楽しんでもらうために、外国人向けに書かれた日本文化を教える本や、『ドラえもん』や『スラムダンク』といった、コミックの英語版も揃えた。いちばん人気だったのは寿司の写真集だ。美しい寿司を見た外国人選手たちは、「試合のときとは真逆の、リラックスしたいい顔になるんですよ〜」と、安井さんもいい表情をして語っていた。

そして意外と手に取る選手が多かったのが、動物の写真集だったということも興味深い。

「水泳選手がイルカの写真集に見入ったり、陸上選手がチーターの走る姿に釘付けになったり。イメージトレーニングができるみたいなんです」

もちろん、日本の選手にも楽しんでもらえるような工夫もした。

一般の客から、選手に贈りたい「応援本」を募集し、それを応援メッセージとともに販売する、という企画である。さらに、特定の選手に実際に本を贈りたいというときには、その書籍代＋手数料を支払ってもらい、選手に届けるというサービスも加えた。

この「応援本」を贈られたうちの一人、杉山憲一選手は、この大会、競泳男子一〇〇メートル自由形で銅メダルを獲得した。

贈り主は、杉山選手に憧れ水泳の練習に励む奈良県在住の中学生、伊藤大河君。三浦しをんの小説『風が強く吹いている』を選び、「主人公・走《かける》の美しく走る姿を想像したら、競技は違うけど、杉山選手の美しいフォームを思い出したんです。金メダルがんばってください！」というメッセージを付けた。

しかし残念ながら、結果は銅メダル。大会前から金メダル間違いなしと大きな期待を寄せられていた杉山選手は、周囲も声をかけられないほど気落ちしてしまっていた。大河君もそんな杉山選手の様子を知り、メッセージに書いた最後の一文のことを後悔していたそうだ。

それから半年。大会の閉幕とともに「本屋村」を終えて日常に戻っていたヤスポに、ひとつの小包が届いた。差出人はなんとあの、杉山選手。中には、東京大会で使用したゴーグルと、一通の手紙が入っていた。

「ゴールして三位だとわかった瞬間、自分はもう終わりだと思いました。これまでの人生すべてをかけたこの日に結果を出せないなんて、どれだけダメな人間なんだろう、って。でも、しばらくしてからやっとプレゼントされた本を読み始めて、ビックリしたんです。単純だけど、スポーツって、本って、なんて素晴らしいんだろう！って。今、自分のフォームを、より美しくて速いものにすべく、これまで以上に練習しています。こういう気持ちに切り替えられたのも、大河君のおかげです。本当に本当にありがとう。次は絶対、金メダル獲るから！」

これには、大河君は言うまでもなく、安井さんも大感激。

「こういうかたちで、人から人に本が渡って、そこから新しいものが生まれる瞬間が、本屋をやっていて一番うれしい瞬間なんです！　しかも実はこの本、私がヤスポに戻ろうと決めるきっかけになった本だから、もう――――！」

彼女は目を潤ませながら、満面の笑みでそう話した。

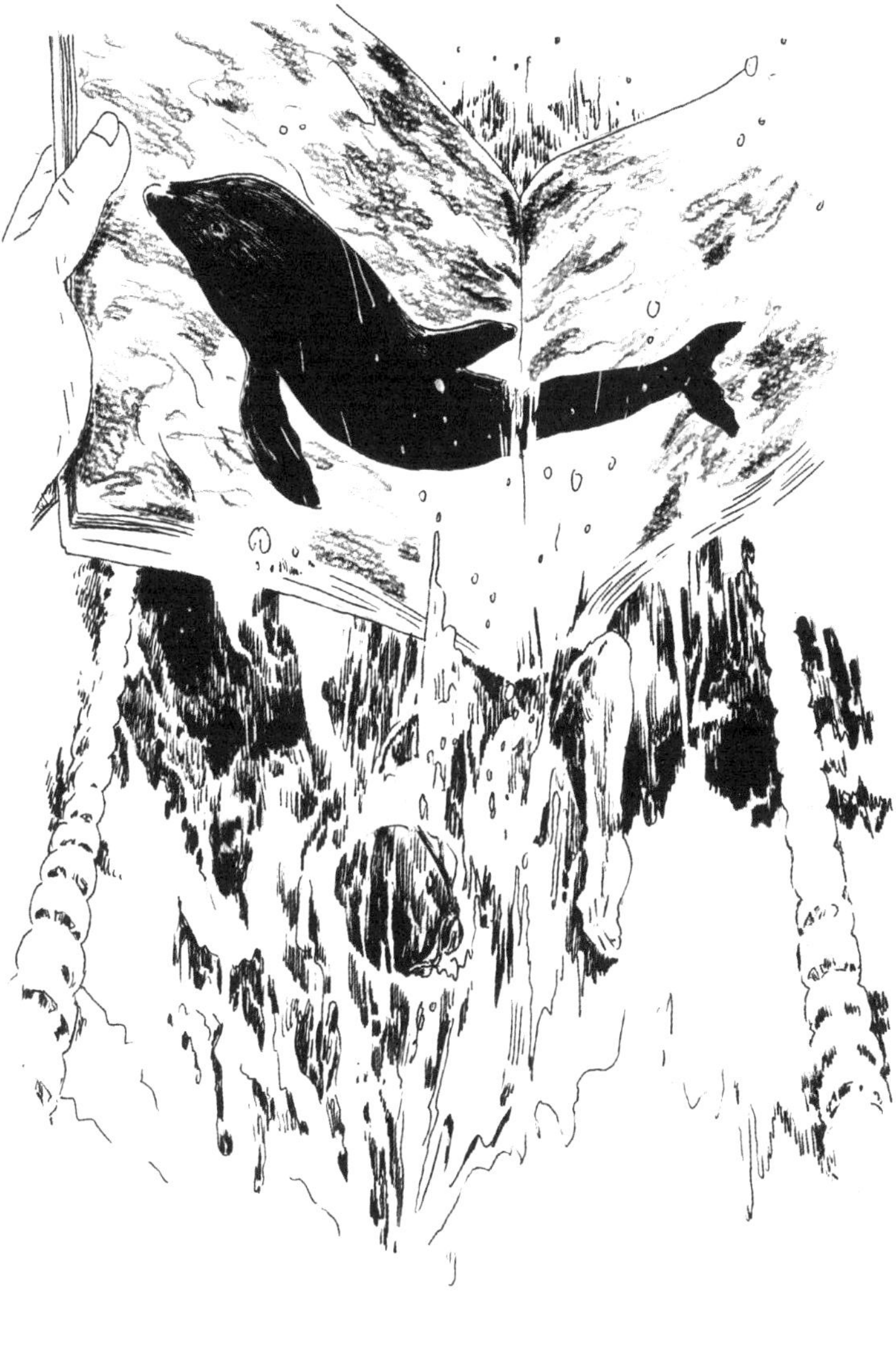

最後は、安井さんが描くこれからの夢の話で締めくくろう。

「本屋って、誰でもなれると思うんです。だって本って、この世の中にあるすべてのものにつながっているから。衣食住はもちろん、音楽、映画、科学、思想、アート、旅、そしてスポーツにも。だから、いろんなお店の人が、その人なりの本を扱って、本当の意味での『本屋村』ができたらいいなって、ずっと考えているんです。そうそう、お隣のお菓子屋さんでも先月から、店員さんたちが選んだ本を販売し始めたんですよ。ケーキのついでに、店主さんの愛読書やお菓子にまつわる物語の本も買ったりして、一度に二度の楽しみが生まれるなんて、うれしいですよね。そうやっていつかこの町の商店すべてが本をお薦めできるようになったら、そんな素敵なことはないです。その夢……というか野望？（笑）を掲げて、楽しくがんばろうと思っています」

「ヤスポ文庫」で売れている本ベスト3
①『風が強く吹いている』三浦しをん著、新潮文庫
②『心を整える。』長谷部誠著、幻冬舎文庫
③『骨盤にきく』片山洋次郎著、文春文庫

本書に掲載されている本屋はすべて架空のものです。

執筆者一覧

月蝕書店――小国貴司　BOOKS青いカバ（東京都）
ブックス高円寺――長谷川朗　ヴィレッジヴァンガード下北沢店（東京都）
GOKUCHU BOOKS――北田博充　東京都内書店（東京都）
島の本屋――宮里綾羽　宮里小書店（沖縄県）
HOLE――内沼晋太郎　本屋B&B（東京都）
夢の編集――綾女欣伸　朝日出版社（東京都）
アトム書房――森岡督行　森岡書店（東京都）
河谷家書店――花本武　BOOKSルーエ（東京都）
本屋列車「おくのほそ道号」――前野久美子　book cafe 火星の庭（宮城県）
本屋の奥の秘密の本屋――熊谷由佳　丸善名古屋本店（愛知県）
夢の営業――渡辺佑一　ミシマ社（東京都）

STREET BOOKS――森川佳美　スタンダードブックストア心斎橋（大阪府）
小川文照堂――山下賢二　ホホホ座（京都府）
小林書店――阿久津隆　fuzkue（東京都）
陽明書房――鈴木毅　進駸堂中久喜本店（栃木県）
忍者屋敷カフェ　伊藤書店――花田菜々子　パン屋の本屋（東京都）
夢の取次――有地和毅　日本出版販売（東京都）
アイランドブックストア――竹田信弥　双子のライオン堂（東京都）
BUNSHIMURA!――坂上友紀　本は人生のおやつです!!（大阪府）
書肆ボタニカ――山田智裕　文教堂ユーカリが丘店（千葉県）
玉川書店入水店――松本大介　さわや書店フェザン店（岩手県）
夢の印刷――藤原章次　藤原印刷（長野県）
WOOD STOCK――藤井佳之　なタ書（香川県）
書庵　道草――積読書店員ふぃぶりお　熊本県内書店（熊本県）
北光社――佐藤雄一　北書店（新潟県）
本屋村――粕川ゆき　いか文庫（所在地不詳）

まだまだ知らない
夢の本屋ガイド

2016年11月1日　初版第1刷発行

企画　花田菜々子＋北田博充

イラストレーション　黒木雅巳

ブックデザイン　加瀬透

編集　綾女欣伸（朝日出版社）
花田菜々子＋北田博充

編集協力　橋本亮二＋齋藤綾＋平野麻美（朝日出版社）

発行者　原 雅久

発行所　株式会社 朝日出版社
〒101-0065 東京都千代田区西神田3-3-5
tel. 03-3263-3321　fax. 03-5226-9599
http://www.asahipress.com/

印刷・製本　誠宏印刷株式会社

ISBN978-4-255-00963-6 C0095